高质量亲子关系

做孩子最好的朋友

杨丽霞 ◎ 著

中国铁道出版社有限公司
CHINA RAILWAY PUBLISHING HOUSE CO., LTD.

图书在版编目（CIP）数据

高质量亲子关系：做孩子最好的朋友 / 杨丽霞著 . —北京：中国铁道出版社有限公司，2023.8
ISBN 978-7-113-30099-9

Ⅰ.①高… Ⅱ.①杨… Ⅲ.①亲子关系 – 家庭教育 Ⅳ.① G78

中国国家版本馆 CIP 数据核字（2023）第 053988 号

书　　名：高质量亲子关系——做孩子最好的朋友
　　　　　GAO ZHILIANG QINZI GUANXI：ZUO HAIZI ZUIHAO DE PENGYOU
作　　者：杨丽霞

责任编辑：巨　凤　　　　　　电话：（010）83545974
封面设计：仙　境
责任校对：安海燕
责任印制：赵星辰

出版发行：中国铁道出版社有限公司（100054，北京市西城区右安门西街 8 号）
印　　刷：北京盛通印刷股份有限公司
版　　次：2023 年 8 月第 1 版　2023 年 8 月第 1 次印刷
开　　本：880 mm×1 230 mm　1/32　印张：7　字数：200 千
书　　号：ISBN 978-7-113-30099-9
定　　价：69.80 元

版权所有　侵权必究

凡购买铁道版图书，如有印制质量问题，请与本社读者服务部联系调换。电话：(010) 51873174
打击盗版举报电话：(010) 63549461

前言

写这本书的念头是在 2019 年萌发的。当时，我将自己的这个想法告诉了一个朋友，朋友当即鼓励我："想到了，就要开始做，就从现在开始！"这让原本计划等两三年再开始写书的我就这么开始了自己第一本书的写作。原本这本书早就应该和读者朋友们见面了，但是在主观、客观多种因素的共同影响下，至今才和大家见面。

在写这本书的三四年间，我无数次地怀疑和否定自己，我也无数次地告诉自己："没关系，要拥有不完美的勇气！"直至今日，我仍然觉得它是一本"不完美"的书。但是，有什么关系呢？如果阅读这本书的人能从中得到一点点帮助，哪怕仅仅只有一点对自己有帮助的观念或者方法，那么我觉得我的目标就达到了。

作为一个从孩子出生开始就亲力亲为养育孩子的母亲，我曾焦虑过、彷徨过、无助过，也曾深深地陷入自我怀疑中，怀疑自己是否真的能够成为一个称职的母亲，是否真的能养育出一个健康开朗的孩子，常常陷于担忧孩子未来的焦虑不安中……我深知父母在养育孩子过程中的焦虑与困惑。因此，我写这本书的初衷就是想要帮助每一个在养育孩子的路途上有着困惑挣扎的父母。

这期间，我经历过孩子在学校打架、被老师叫家长、孩子学习成绩跌宕起伏……我与万千普通父母们有着一样的经历。只是，大多数父母在养育孩子之前，并没有进行过相应的养育孩子方面的知识和技能的学习。养育孩子并不是一件简单的事情，甚至可以说是一个复杂的技术活，很多父母在这个过程中难免会犯一些错误。

但是，我们并不是要去定义父母们在养育孩子的过程中做得对或错，或是否定父母们对孩子的爱和为孩子努力付出的一切。同时，我也不希望父母对自己在养育孩子过程中犯的错过于内疚和自责。因为，内疚和自责只会加重我们的心理负担，并不会对整件事情有任何的帮助。

只有父母们意识到自己曾经错误的养育方式可能会对孩子会造成哪些伤害，并且能够改变曾经错误的做法，学习用新的、正确的方式来养育孩子，才是对父母和孩子来说最好的解决办法。不论我们的孩子现在有多大，哪怕他们现在已经成年，仍然可以随时开始学习用新的方式来和我们的孩子相处。只要父母有心、用心去修复和孩子之间的亲子关系，那么何时开始都不晚。

在我的整本书中，有一个很重要的理念就是：如何去维护一个良好的亲子关系。因为良好的亲子关系是养育孩子的基础。在养育孩子的过程中，我也始终把这个观念放在第一位。其实我们的孩子都非常善良和大度，很多时候父母犯了错误，冲孩子发脾气，大吼大叫，甚至动手打了孩子，孩子也会很快原谅我们。在维护良好的亲子关系和修复亲子关系这件事情上，父母其实掌握着更多的主动权，所以只要父母有心想要去做，就能维护或修复一个良好的亲子关系。只有将良好的亲子关系作为基础，书中所提到的这些方式、方法才能真正地发挥作用。

这几年，我接待了很多未成年孩子的心理咨询，其中让我深深感到难过的是，很多孩子的抑郁、焦虑其实原本是可以避免的。只要父母在养育孩子的过程中能够更多地共情孩子，更加关注亲子关系的品质，多鼓励孩子"从错误中学习"和学习如何解决问题，而不仅仅是批评、指责、羞辱和打骂，孩子的心理问题就会大幅度减少。因此，即便只是接待孩子一对一的心理咨询，我也一定留出与孩子父母单独交流的时间，来指导父母改变自己的养育方式。

我对自己接待的心理个案观察和思考后发现：父母积极参与改变的孩子一对一咨询的效果会比父母并不积极参与改变的孩子咨询效果好很多，并且后期维持的实效也会更好。对于一些年龄比较小的孩子来说，仅仅只是父母进行学习和改变，孩子的心理和行为问题就会慢慢发生改变。所以，我认为父母其实才是孩子最好的心理医生。孩子越小，父母良好的养育对孩子的帮助就越大。父母养育孩子的方法用对了，孩子很多的心理和行为问题才能迎刃而解。有智慧的父母一定懂得与孩子合作，一定懂得与孩子沟通，一定能将亲子关系处理得很好。我们都不是天生就完美的父母，我们往前迈出的每一小步，都是孩子走向优秀的一大步。

书中的案例故事，基本上是来自我生活中所接触和了解到的真实案例。有的是我自己和孩子之间发生的真实事件，有的是来上我的父母课的父母们为我提供的他们和孩子之间的小故事。因为保护当事人隐私的关系，我隐去了一些当事人的具体信息，也有的案例会把几个真实的案例融合在一起。在决定把他们的案例写进这本书的时候，也征得了他们的同意。在此对他们表示深深的感谢。

同时也深深感谢在这三四年来一直鼓励、支持、相信我的好朋友们和父母家人们，如果没有你们的鼓励和支持，我想我也是难以坚持下去的。正是因为有你们，让我拥有深深的归属感和价值感，让我能够拥有"不完美的勇气"去开始做一件之前从未做过的事情，也才有了这本"不完美"的书的面世。

也同样感谢我的孩子，感谢他的到来，让我有机会体验为人母的喜怒哀乐；感谢他是一个最普通的孩子，拥有和大多数孩子一样的成长烦恼和挑战，才让我有机会去学习和思考；感谢他的善良、宽容和大度，能够一次次原谅我这个并不完美的妈妈在养育他的过程中所犯的各种错误，允许我在错误中不断学习和成长；也感谢他的存在，促使我不断反思自己的不足，促进我不断学习和成长，他才是我最好的导师。

最后，感谢帮助我的速溶团队的小伙伴们，是你们耐心的陪伴和不断的鼓励，让我坚持到最后。

杨丽霞

2023 年 3 月 7 日

目录

第一章　良好的亲子关系，从陪伴开始

第一节　PEERE法则，"陆伴"是构建良好亲子关系的基础 002

第二节　剖析孩子不当行为背后的四个错误目的，理解孩子内心想法 010

第三节　焦点解决十步骤，把问题变成学习重要人生技能的机会 019

第四节　增强孩子的抗逆力，未来才能跨越更多挑战与困难 026

第二章　陪孩子度过失败与困难，让亲子关系升温

第一节　孩子遭遇失败，父母应该怎么陪伴孩子一起面对失败与挫折 032

第二节　错误是学习的好机会，帮助孩子从失败的经历中总结经验、学习成长 041

第三节　面对住校分离，父母要加强联结纽带，给孩子安全感 048

第四节　与孩子建立安全的依恋关系，分离焦虑不再是孩子的噩梦 056

第五节　父母提供良好的关系支持，才能激发孩子的社交主动性..................062

第三章　好好沟通，别让语言变成破坏关系的利剑

第一节　孩子不听话，怎么说孩子才会听..................068
第二节　打完孩子又后悔，恢复关系的4R帮你修复亲子关系..................073
第三节　让孩子自己学会主动承担责任，而不是逼着孩子说"对不起"..................079

第四章　将"命令"变为"引导"，换个沟通方式更有效

第一节　如何"有效拒绝"孩子，才不会对孩子造成伤害..................088
第二节　日常行为计划表，让孩子做事从"被动"变为"主动"..................096
第三节　课题分离，父母应该给孩子一些"空间"..................104
第四节　从理解孩子沉迷电子产品的原因开始，找到戒除的办法..................107
第五节　九个好奇的问题，帮助孩子快乐与朋友相处..................114

第五章　了解和接纳情绪，不做坏情绪的受控者

第一节　克制控制情绪不如学会与情绪做朋友..................124
第二节　找到孩子情绪背后的核心需求，才能解决问题..................129

第三节　有情绪，我们要学会非暴力的表达 135
　　第四节　认知行为三个圈，面对坏情绪先改变自己再改变
　　　　　　孩子 144
　　第五节　愤怒选择轮，冷静下来才能找到解决问题的
　　　　　　方法 150

第六章　对外关系中的难题，我们应与孩子一起面对

　　第一节　冲突与霸凌，你的孩子正在经历什么 158
　　第二节　了解霸凌中孩子们的角色，帮助孩子战胜
　　　　　　"霸凌" 165
　　第三节　孩子不喜欢学校某位老师，怎么办 172
　　第四节　师生冲突，父母要做好沟通的"润滑剂" 179
　　第五节　换位思考，才能找到解决师生冲突的关键点 187

第七章　孩子成长烦恼多，生活的小问题也不能忽略

　　第一节　如何保护孩子，避免孩子遭受可能的性侵害 194
　　第二节　遭遇孩子的"第二叛逆期"，父母可以给予
　　　　　　孩子一段"特殊时光" 200
　　第三节　3B 原则，有效化解二胎家庭孩子之间的冲突 204

第一章

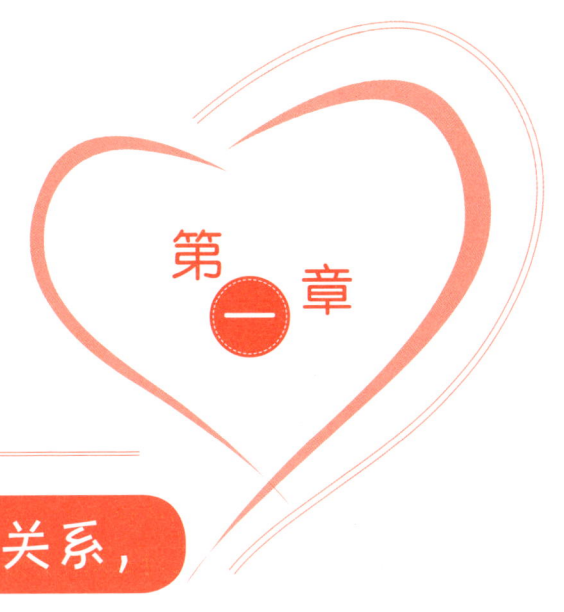

良好的亲子关系,从陪伴开始

第一节

PEERE法则，"陪伴"是构建良好亲子关系的基础

> **案例**
>
> 妞妞是一个三年级的孩子，在和她做一对一的心理评估工作时，我发现妞妞似乎特别渴望得到父母的陪伴，在她玩的游戏中，有很多游戏主题是关于孤独无助的。
>
> 我把评估观察到的情况反馈给父母，父母对此感到非常意外。父母觉得自己对妞妞是有陪伴的，为什么妞妞还是觉得很孤独呢？

自己经常在孩子身边，为什么孩子还是觉得自己缺少陪伴，很孤单呢？这是很多父母都困惑的问题。其实，这里就出现了妞妞的父母和大多数孩子的父母们在陪伴孩子时，对于"陪伴"的一个认知误区。

有些父母觉得：我每天都陪着他。他在家里，我也在家里；他出门，我也出门；我陪着他学习，每天接送他上下学，周末带他

出去玩。我每天都围着他转，都没有自己的时间了，这难道不是陪伴吗？

这是"陪伴"，但并不是孩子们想要的"陪伴"。虽然你一直陪着孩子，但是却不跟孩子进行沟通和互动，或者有的父母每次和孩子的交流就是讲道理、批评指责孩子，根本没有用心体会孩子的心情。

比如有的家长"陪伴"孩子一起学习，其实是在一旁不停地指责孩子"这个字写错了""抬高头写作业"，这种陪伴让孩子感受不到爱，感受不到归属感和价值感，是一种低质量的陪伴。久而久之，孩子本能地会感觉到孤独无助，从而对陪伴有更多的渴望和需求。

1. 不同阶段的孩子，需要不一样的陪伴方式

我的儿子果果在他三岁左右时，总是爱黏着我。那时候，我虽然开心，但也很困扰。儿子愿意与我亲近，黏着我，说明我们的亲子关系很和谐。但有时候，我也会有些疲惫，因为每天只要我一下班，就要一直陪着他。

那我该怎么陪他呢？

其实，父母陪伴孩子，除了与陪伴时间的长短有一定关系外，陪伴的质量也很重要。如：在陪伴的时间内给孩子提供的关注度有多少？和孩子建立的连接度有多少？面对不同阶段的孩子，我们要选择不同的陪伴方式，并且要提高陪伴的质量。

（1）0~1岁

我们需要给予孩子全身心的关注和陪伴，妈妈（或者是主要养育者）要及时回应宝宝的需求，并对宝宝的情感作出相应的反应和

回应。在精神分析中，这也被称为镜映。这个阶段的宝宝处于全能自恋期，他并不知道是有一个外界的他人（通常是妈妈）在照顾着自己，所以他认为自己是无所不能的。

世界都是随自己而改变的，宝宝认为他和世界是浑然一体的。只要他表达自己的需求，世界就会按照他的意愿来满足他的需求。饿了，只要一哭，奶嘴就到了自己嘴里；尿布湿了，感觉不舒服了，只要一哭，马上就又有人来换尿布，让自己变得舒舒服服的；感觉无聊、寂寞或孤单了，只要一哭，就会有一个人来哄。

这个时候的宝宝认为这一切都是自己操控的，可以根据自己的心愿随时满足自己。

所以，0到1岁的宝宝需要的陪伴就是父母能够及时回应宝宝的需求，当他的需求得到及时的满足时，宝宝就会感到安全，并且发展出足够的自信心，这也将奠定宝宝一生自信的基础。

如果在这个阶段，父母因为疏忽或者别的原因，导致宝宝的需求没有得到良好的回应，没有足够的镜映，宝宝就会感到失控、挫败、无力、失望等。这样的宝宝可能缺乏足够的自信和对他人的信赖。

（2）6个月~3岁

在这个阶段，孩子开始逐渐对他人感兴趣，并且孩子开始慢慢意识和体会到了自己是一个独立的个体。这个阶段的孩子会经历对自己的身体特别感兴趣，喜欢玩自己的小手小脚，探索自己的身体的阶段。我们将这个阶段称为平行游戏阶段。

但是，处于这个阶段的宝宝，还没有学会如何与人互动，或是回应他人与自己的互动。所以，这个阶段的宝宝即使与其他小朋友处于同一空间，通常也都是自己玩自己的。但是，父母若是让孩子拥有足够的安全感，处于这个阶段的孩子是可以在房间有其他人在的情况下自己独立玩耍的。

平行游戏阶段是孩子学习人际交往技巧的一个非常重要的阶段，这个阶段的孩子会模仿父母对待自己的方式去对待他人。同时，孩子的语言能力发展加快。所以这个阶段的高质量陪伴需要父母与孩子有更多的互动，并有意识地引导孩子通过和父母的这些互动，慢慢地学习人际交往、语言和沟通等。

（3）3~6岁

这个阶段的孩子大多数开始经历分离焦虑。因为他们要离开家去上幼儿园，去接触很多新的小伙伴，接触新的老师。安全依恋度高的孩子在这个阶段能够平稳过渡，他们因为前期的高质量陪伴，所以不太会惧怕陌生的环境，能够安全地去探索，去适应新的环境，建立新的关系，并且不会担心暂时离开爸爸妈妈就会失去爸爸妈妈。

在这个阶段，孩子会与陌生人产生交际行为，比如开始和小朋友们在一起互动等，这种交际行为就是在上一个阶段从父母那里潜移默化地学来的。

再比如，孩子们会玩一些游戏，他们从开始无组织、无目标的游戏方式慢慢发展到有组织、有目标、有规则、有分工的合作游戏方式。在这个阶段，游戏对孩子来说是非常重要的，游戏，即孩子学习的方式，也是孩子情绪、情感表达的媒介，更是人际交往的方式。

所以在这个阶段，父母陪伴孩子需要考虑增加"游戏力"，父母可以每天用半个小时的时间陪孩子一起做游戏，让孩子感受到爱、联结、归属感和价值感。

（4）6~12岁

对于这个阶段的孩子的父母来说，究竟要不要陪孩子写作业？

如果父母陪孩子写作业时，情绪比较稳定，没有言语冲突，孩子能够专注学习，那么父母陪伴孩子写作业是非常好的。

如果父母陪孩子写作业时，会因为孩子写作业的问题而与其产生冲突，那么建议父母不要陪伴孩子写作业。因为这样的陪伴给孩子的感觉是具有压迫性的，也不会让孩子的作业完成得更好。父母的责骂不仅让孩子在学习过程中感觉到很糟糕、很痛苦，还会让孩子把学习和痛苦的感觉联系在一起，甚至会慢慢地变得厌学。

对于这个阶段的孩子来说，父母可以选择用聊天的方式陪伴孩子，聊一些比较放松的话题，比如孩子在学校发生的趣事等，给孩子正面的情绪。从时间上，建议父母每周至少有两次陪伴，每次大约半个小时。

当孩子进入青春期以后，父母会发现自己已经不再是孩子最重要的人。孩子似乎不再像小时候那样和父母无话不谈，遇到困难也不再第一时间找父母，亲子关系不好的家庭甚至会出现孩子拒绝与父母沟通交流的情况。看起来他们似乎不再在乎父母的陪伴，但是事实上真的是这样吗？

其实不是的，孩子内心还是很渴望得到父母的关心、支持、理解和陪伴的，只是在这个阶段，陪伴应该更看重质量。

2.PEERE 法则，让你高质量陪伴孩子

PEERE 法则最核心的一点：在陪伴孩子时，要关注孩子的需求、看见孩子的情绪，要接纳孩子，与孩子一起探索和前进。父母通过有质量的陪伴，让孩子留下愉快的记忆和美好的感受。接下来，让我们一一了解什么是 PEERE 法则（见下图）。

PEERE法则——高质量陪伴孩子

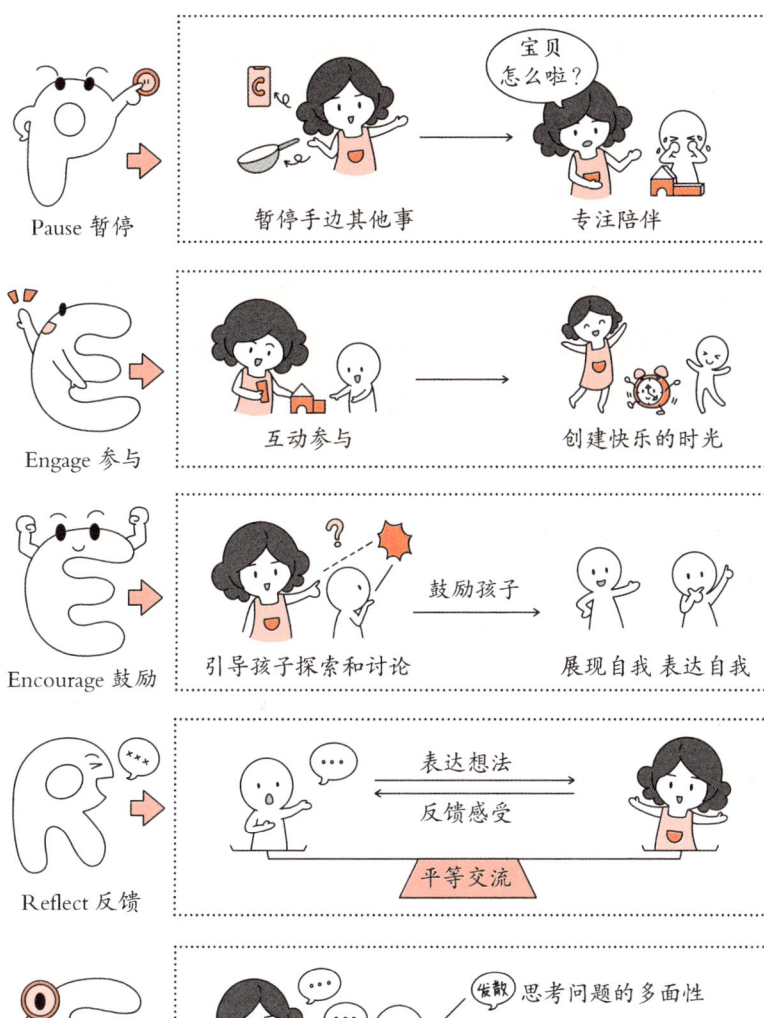

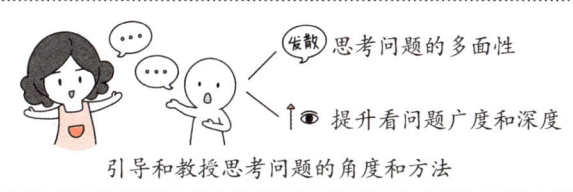

Pause 暂停
- 暂停手边其他事 → 专注陪伴
- "宝贝怎么啦?"

Engage 参与
- 互动参与 → 创建快乐的时光

Encourage 鼓励
- 引导孩子探索和讨论 —鼓励孩子→ 展现自我 表达自我

Reflect 反馈
- 表达想法 ⇌ 反馈感受
- 平等交流

Extend 衍生
- 发散思考问题的多面性
- 提升看问题广度和深度
- 引导和教授思考问题的角度和方法

（1）Pause（暂停）——父母暂时停下手边的其他事情，专心地关注孩子在做什么，想要做什么。

高质量的陪伴需要父母专注于陪伴这一过程，不要三心二意。即父母在陪伴孩子的时候，停止手中的工作、放下手机，甚至不接听电话，只是专注在陪伴孩子这件事上。

当父母专注力放在孩子身上时，便能通过孩子的一举一动，发现孩子的需求，及时对孩子的需求做出反应。例如：孩子原本在开心地搭积木，却突然哭了。如果你专注于孩子，就会想到或许是因为他搭积木遇到了困难，想要寻求你的帮助。如果你没有专注于孩子，甚至会误会孩子，认为孩子在无理取闹。

对于忙碌的年轻父母来说，工作再忙碌，每天也要尽量抽15~20分钟陪伴孩子，让孩子感觉到"我是重要的""我是被爱的"。

（2）Engage（参与）——积极地与孩子互动，增强彼此间的参与感。

陪伴孩子，重要的是创造一段快乐美好的亲子时光。比如，父母可以陪孩子搭积木，陪孩子去游乐园，可以一起玩棋类游戏。而孩子可以在父母收拾房间时，一起进行整理玩具、擦桌子、倒垃圾等活动。总之，突出双方的参与感和互动性，共同创造一段快乐的时光非常重要。

（3）Encourage（鼓励）——鼓励孩子大胆表达自我。

孩子们的想法总是天马行空，但是很多父母对这些"幼稚"的想法嗤之以鼻，不是忽视，就是打击，将自认为"成熟""理智""正确"的想法强加给孩子，这样很容易剥夺孩子的想象力和创造力。

在日常的生活中，父母不要一味地告诉孩子，该做些什么，或者这件事情必须这么做，等等，而是要帮助孩子发现矛盾和问题所在。不要急着告诉孩子结果,给孩子解决问题的时间和信心。

作为父母,要鼓励孩子大胆地展现自我、表达自我,父母要给予孩子及时的鼓励和支持,引导孩子更加乐意去诉说自己内心的感受。

(4)Reflect(反馈)——平等沟通,尊重孩子。

当孩子表达了自己的想法或者完成某件事情后,父母可以与孩子一起复盘,把自己的真实感受告诉孩子,给他最真实的反馈。在与孩子交流的过程中,要尽量做到"平等交流",而非单纯的知识传输,避免居高临下的"说教"。

(5)Extend(衍生)——运用发散性思维,帮助孩子扩展视野。

孩子受限于阅历和知识,思考的内容可能出现偏差。这时候,父母应该以友善的态度与孩子做深入的交流,从不同的角度加以补充,引导孩子完善自己不够成熟的思考。

这样,可以让孩子养成从不同角度分析问题的思维方式,更有利于日后的终身学习成长。

总之,高质量陪伴,重要的不仅仅是陪伴的时间,陪伴的质量也非常重要。

指点迷津

陪伴绝对不是两代人同处一个空间这么简单,而是一种全身心投入的行为。专心的陪伴、积极与孩子互动、平等的沟通是高质量陪伴不可或缺的组成要素。

第二节

剖析孩子不当行为背后的四个错误目的，理解孩子内心想法

如果我问大家，孩子在生活中都会给我们带来哪些挑战呢？我相信父母们都能回答出很多，比如叛逆、写作业拖拉、顶嘴、哭闹、打架、不好好吃饭等，这些在父母眼中都是孩子的挑战。

孩子的行为并不会单独出现，也就是说，孩子在父母眼中的"好行为"也好，"坏行为"也罢，行为的背后都有形成的原因。个体心理学创始人阿德勒的"目的论"认为，人的行为是有目的的，人做任何事情的目的都是在追求归属感和价值感，对于孩子而言就是在追求爱与被爱的感觉。国际非暴力沟通中心创始人马歇尔·卢森堡博士说过："人们做或不做某件事，都是为了满足某种需求。"这个过程就像大多数植物，它总会朝着太阳的方向生长一样，人们的行为也总是在朝着内在需求这个目的而去行动。

我们都知道人类是群居动物，人类的这种属性，决定了人类必须要归属于某一个群体，并在这个群体中找到自己的位置与价值，拥有归属感。当孩子在追求归属感和价值感的过程中，如果他的需求能被顺利满足，那么其行为就会符合社会的期待。

但是孩子并不是每时每刻都能够获得归属感和价值感。比如，

孩子被父母责骂了，或被老师批评了，或和小朋友吵架了，这个时候，孩子在父母、老师、小伙伴那里就会失去归属感和价值感。当孩子失去归属感和价值感的时候，就像小树苗想要朝着太阳生长，却没有办法获得阳光一样。小树苗并不会因此而放弃获得阳光的希望，孩子也不会因此放弃对归属感和价值感的追求，会想尽一切办法去重新获得归属感和价值感。但是在这种情况下，孩子获得归属感和价值感的方式可能就会偏离正常轨道，可能会做出一些在成人眼中是不当的、具有挑战性的，甚至是错误的行为。

阿德勒的学生鲁道夫·德雷克斯认为，这是因为孩子在正常追求归属感和价值感的过程中受挫以后，发展出来的基于四种错误目的的行为。这四种错误目的分别是：寻求过度关注、权利之争、寻求报复和自暴自弃（见下页图）。

1. 寻求过度关注

抱持着寻求过度关注这个目的的孩子，他们的行为表现可能为：黏人、打断父母的工作、插嘴等，也可能是写作业拖拉、不好好学习、打架等。

这样的孩子通常会让父母感到心烦、恼怒、着急。大部分父母初期会采用温和的方式劝导孩子，但是作用有限，只有对孩子吼叫时，孩子才可能会停止他的行为。那么这个时候，父母们就要意识到，孩子可能是在寻求过度关注了。

孩子为什么在寻求过度关注呢？那是因为，孩子内心觉得，只有父母围着他团团转时，他才是重要的。在孩子这样的行为背后，其实隐含的信息就是想要父母无限关注他。

孩子在追求归属感和价值感过程中，四类基于错误目的的行为

目的	孩子的行为表现	父母的正确做法
寻求过度关注	黏人、打断工作、插嘴、打架 以不好的行为引起关注	"你真棒，你居然自己整理好了房间。" 鼓励性回应，矫正孩子错误行为
权利之争	"我有自己的想法！" 想要反抗父母的"压迫"	与孩子共同制定规则，给孩子适当选择权
寻求报复	"这道题我会写，我偏偏不写……" 做出令父母伤心、难过的行为刺激他们	承认自己错误，通过共情与倾听让孩子感受到爱
自暴自弃	"放弃！" 拒绝他人介入、他人帮忙 放弃自己，拒绝他人帮助	"加油，相信自己，你可以做到的！" 耐心陪伴，不断鼓励，坚决不放弃孩子

我曾经接待过一个12岁的小女孩儿。她是因为抑郁症而来，有自我伤害的倾向。我与她建立关系后，她多次对我说："如果我可以去住院就好了，如果我受伤就好了……"

于是我问她："你为什么会觉得住院好呢？你为什么会希望自己受伤呢？"

她和我说："如果我住院了，就会有人来关心我呀；如果我受伤了，爸爸妈妈就不会骂我了，他们会对我很好的；如果我住在医院里了，那么就会有人来陪我了。"

从谈话中，我们可以看到这个孩子自我伤害的行为背后，其实想要表达的信息就是：关注我、关心我、陪伴我。甚至为了达到"被关注"的目的，她还有了自我伤害的想法。

对于寻求过度关注的孩子，父母可以通过鼓励性的回应，来矫正孩子的这种行为，具体方法如下：

（1）积极关注，发现孩子身上的闪光点，并把孩子的闪光点，如实地描述和表达出来。让孩子从细节上体会到父母是关注和关心自己的，并且是积极的关注。

（2）父母多向孩子表达爱，比如通过口头对孩子表述。父母也可以对孩子的到来表示感谢，例如"非常感谢你来做我的孩子"等。孩子会从父母的语言中感受到父母对自己的爱和在乎。

（3）父母要安排和孩子单独相处的特殊时光。

（4）父母要给孩子参与解决问题的机会，让孩子获得价值感。比如给孩子安排一些简单的任务，让孩子能够通过完成任务获得价值感。

（5）父母可以跟孩子约定好，设立一些小小的信号。当孩子想要得到父母的关注时,父母可以通过和孩子约定好的信号,来提醒自己孩子需要被关注。

晨晨总是在妈妈和其他人说话时打断妈妈,妈妈在学习了我的父母课程之后发现晨晨有寻求过度关注的倾向。

于是晨晨妈妈和晨晨约定:"以后,在妈妈和其他人说话的时候,如果你特别想和妈妈说话,就给妈妈一个信号,妈妈看到了就也用一个信号回应你,然后等妈妈说完话再来听你说,可以吗?"晨晨决定使用的信号是在妈妈看得见的地方做一个"爱心"的手势,妈妈看到了就回应一个"OK"的手势。

之后,妈妈和其他人说话的时候,晨晨想说话,就给妈妈发信号,妈妈回了信号以后,晨晨觉得被妈妈关注到了,就能够耐心等待片刻。而妈妈也可以在不被打断的情况下完成一段谈话,并且妈妈每次都会记得话题告一段落以后及时给予孩子关注,倾听孩子想要表达的内容。渐渐地,晨晨改掉了总是打断别人交谈的习惯,也学会了耐心等待。

2. 权利之争

抱持着寻求权利之争这个目的的孩子,他们的行为表现可能是凡事想要自己说了算。比如父母想要孩子放学回来就做作业,孩子可能就说"我不,我要吃完饭以后做";父母让孩子收拾房间,孩子偏不,反而把房间弄得乱七八糟;老师让孩子上课保持安静,孩子偏不,反而更大声说话。

父母为了维护自己的权威，会选择用更强硬的方式对孩子进行控制和打压。但父母的这种方式会让孩子变本加厉地反抗父母，进行权利之争。当孩子看到老师、父母生气时，自己反而觉得赢了。这种情况，就是父母和孩子陷入了权利之争。

陷入权利之争的孩子，他们行为背后的信念是"谁也制服不了我，我要说了算，唯有当我来主导或控制，或者没有谁能控制得了我的时候，我才有归属感"。孩子在这样的信念背后，也隐含着一些我们看不到，但是孩子想要让我们看到的信息，"我也能帮忙，让我做选择，给我一些适当的权利"。

但是，父母如果和孩子陷入"权利之争"，想要赢了孩子，反而会将孩子的心越推越远。所以，对待寻求权利之争的孩子时，父母应该遵循如下原则：

（1）要承认我们是强迫不了孩子的，父母要先主动地从冲突中撤离，让自己冷静下来。等双方都能够平静并且相互尊重地解决问题时，再一起讨论如何解决问题。

（2）给孩子有限的选择权利，孩子是有权利对自己的事情做选择的，父母根据孩子的不同年龄，给孩子恰当的选择权。孩子如果比较小，父母可能做决定会更多一些，但是，随着孩子逐渐长大，父母要让孩子慢慢自己做选择，适当放权给孩子，不但能够有效避免权利之争引发的亲子冲突，而且能够培养孩子正确选择和承担选择后果的责任感。

（3）让孩子共同参与规则的制定，和孩子一起讨论、设置合理的规则，让这些规则有效。

（4）召开家庭会议，在会议中和孩子用平等尊重的方式来解决问题。家庭会议可以让孩子行使属于自己的权利，也可以帮助孩子在家庭会议中获得归属感和价值感。

3. 寻求报复

寻求报复的孩子，通常的行为是伤害他人，让他人感到伤心、难过、痛苦。

> 曾经有一对父母向我求助，他的儿子在数学期末考试时，只写了第一页和第二页，后面两页的大题全部放弃，然后趴在课桌上睡觉。父母看到卷子后，发现后两页的大题，对于孩子而言都不难，应该会做。这是为什么呢？
>
> 和孩子沟通后，我才知道：原来，在孩子考试的前一天晚上，孩子的父亲在给孩子补习功课的过程中，因为一道数学题孩子不会做，父亲一着急就打了孩子一个巴掌。所以，孩子第二天考试的时候索性不做。孩子说："我爸不就看重成绩吗，我偏不做。"

父母往往会因为孩子的不配合，而给孩子一个严厉的教训，而孩子的回应也如出一辙，从而让亲子关系越来越糟糕。

那父母可以怎么做呢？

（1）共情孩子，承认孩子受伤的感受："我知道这样让你伤心了，你愿意和我谈谈吗？"

（2）倾听孩子，接纳孩子受伤的感受，站在孩子的角度去理解孩子，不要着急解释和否定孩子的感受。

（3）如果是父母的行为造成了孩子的受伤，建议父母真诚地向孩子道歉："我那么做，让你感到很受伤，我感到很抱歉。"

（4）向孩子表达爱和关心，让孩子获得归属感和价值感。

（5）有的孩子可能会做出一些严重报复行为，这个时候，父母可能需要寻求专业人士的帮助，比如心理咨询师、儿童心理治疗师、危机干预专家等。

4. 自暴自弃

抱持着自暴自弃这个错误目的的孩子，通常他们会放弃自己，并且拒绝他人的介入和帮忙。他们行为背后的信念是："我不相信我能有所归属。我要让别人知道，不能对我寄予任何希望。我无助而且无能。既然我怎么做都做不好，那么努力也没有用。"这样的孩子往往会让父母感到绝望、无助、无能为力。在孩子这些行为和信念的背后，隐藏着常常被忽略的求助信息，"不要放弃我"。对于这样的孩子，父母需要花更多的时间和耐心去帮助孩子，具体方法如下：

（1）鼓励孩子，帮助孩子慢慢地建立信心。哪怕是极微小的努力和进步，父母都及时予以鼓励。

（2）不放弃孩子，拿出更多的时间和耐心去帮助他。

小步前进，把任务划分得更细。教孩子技能时，把任务难度降低，父母示范该怎么做，但是不代办，给孩子成功的机会和希望。

（3）父母可以带着孩子寻求专业人士的指导和帮助。

以上四类基于错误目的的行为，它们既可以是独立的，又可以是递进发展的。所以，父母们一定要多关注孩子的行为。

> **指点迷津**
>
> 当孩子偶尔出现错误的行为时,父母通常都可以自己解决。但是,如果孩子处在长期受挫的环境里,最终发展到报复或自暴自弃阶段时,父母可能就没有办法凭借自己的力量来应对和解决孩子的这些问题了。这个时候,更建议父母去寻求心理咨询师或少年儿童心理治疗师的帮助。

第三节

焦点解决十步骤，把问题变成学习重要人生技能的机会

> **案例**
>
> 在我的课堂上，我总能从父母们口中听到在养育孩子时，大家遇到的各种各样的问题。青青妈妈跟我倾诉，青青做作业总是拖拖拉拉的，怎么催都没用。豆豆妈妈更是苦恼，因为豆豆在学校又打架了，这已经是这个学期第五次打架了，学校已经通知，如果孩子再打架，就请孩子的父母到学校跟着孩子一起进行监督管理。晨晨妈妈也为晨晨在学校上课不专注、注意力不集中而着急。朵朵妈妈则一直担心朵朵在学校过于内向，交不上朋友……

大多数父母来找我，都是希望我能给出一个一劳永逸的方法解决问题。可是，每次我都非常遗憾地告诉父母们，孩子遇到的问题是随着孩子不断成长而不断变化的。我们可以理解为，孩子之所以遇到和出现这样或那样的问题，是因为在其成长和发展的过程中还

不具备解决相应问题的能力。

解决这些问题和挑战的最好方式不是不允许孩子犯错误、不允许孩子出现问题，而是父母要善于通过问题出现的时机，培养孩子良好的品质和能力。当孩子真正掌握了相应的能力时，问题自然就迎刃而解了。

在心理学上有一个短期焦点解决技术，它通过教授孩子解决问题的能力和技能，帮助孩子应对成长过程中遇到的困难，从而让孩子积极、正向地成长。现在，我们暂且称它短期焦点解决十步骤（见下页图），让我们看看这十步是如何做的。

第一步：变"问题"为"技能"

当孩子出现"问题"时，大多数父母会指责批评孩子，但这样的指责并不利于解决问题，反而会影响亲子关系。

所以，我们需要变"问题"为"技能"，父母首先要找到问题背后相应的技能是什么？例如：孩子做作业拖拉，那么孩子需要学习的技能就是如何合理安排自己学习和生活的能力；孩子在学校总是打架，那么孩子需要学习的技能就是与人相处、沟通、解决冲突和矛盾的能力等。

所以，父母的关注点不应该放在"我如何不让我的孩子犯错误"上，而应该把注意力放在"我如何让我的孩子学会解决问题""我如何抓住孩子犯错误的时机，教会他正确应对类似的事情"上。这样，孩子犯的错误才是有意义和有价值的。

第二步：确定目标——和孩子一起商定要学习的技能

在商定讨论的过程中，父母可以以平等、尊重、合作的态度，站在和孩子同一阵地的立场来共同面对，可以跟孩子说："我们一起来讨论（商量）一下关于……"多用"我们"这个词汇，少

短期焦点解决问题10步骤

第一步：变"问题"为"技能"	第二步：和孩子商定要学的技能
找到问题背后的技能	平等、尊重、合作态度

第四步：让孩子为技能命名	第三步：探索有技能的好处

第五步：寻找更多资源支持	第六步：赋予孩子学习和改变勇气
支持者越多成功率越大	鼓励孩子　　帮忙分解步骤

第八步：花时间陪孩子练习新技能	第七步：在脑海里勾画成功画面
模拟演练	假定成功场景

第九步：公开和提醒	第十步：开始下一个技能学习
获得亲友支持　　忘记了就提醒	持续成长

用"你""我"的表达方式。

第三步：动机评量——和孩子一起探索拥有技能的好处

当孩子看到拥有技能带来的好处越多，他学习的动力就越强，学习的积极性更高。例如，当孩子做事拖拉，我们可以教会孩子做"日常行为计划表"和"合理安排自己的学习生活"的技能。

当孩子看到在这样的合理安排背后，自己可以更加轻松自如地应对学习，同时，自己多出更多的时间可以安排娱乐、玩耍等活动时，孩子会更愿意学习掌握"合理安排自己的学习和生活"这项技能。

第四步：让孩子自己为这项技能命名

名称可以是孩子喜欢的某个动漫形象、英雄人物，也可以是一个有力量的代表词汇。命名只要是孩子自己喜欢、自己觉得有意义，能够帮助孩子提高学习技能和能力，父母都是可以接纳的。

第五步：寻找更多的资源提供支持

可以尝试让孩子邀请亲人、师长、小伙伴等做自己学习技能的支持者。支持者越多，孩子就越容易成功。父母可以尝试假设提问："如果这个问题解决了，你学会了技能，会改变什么？会发生什么？你希望谁最先看到你的改变……"

这里是需要孩子自己确定想要邀请的支持者是哪些人，父母和孩子逐个确定名单，一一邀请他们提供支持。比如：爸爸妈妈、爷爷奶奶、老师同学等。

第六步：鼓励——赋予孩子学习和改变的勇气

父母要善于鼓励孩子，帮助孩子建立信心，让孩子相信自己有能力学会技能，赋予孩子学习和改变的勇气。孩子的自信心是从他人的正向反馈中逐渐建立起来的，所以，父母在孩子学习新技能的过程中，表达对孩子的信任是非常重要的。

父母可以帮助孩子把一项大的技能学习分成多个细小的子项，以提高孩子成功的概率。成功的经验越多，孩子越有自信和勇气去尝试和挑战学习新的技能。

当孩子感到气馁时，父母可以引导孩子去回忆总结曾经成功的经验，可以对孩子说："你还记得上次……当时你是怎么成功的呢？"这样的成功经验会让孩子重新找回克服困难的信心和勇气。

第七步：在脑海中勾画出成功的画面

父母可以和孩子一起在脑海中勾画出学习新技能成功之后的画面，可以假定："当你学会了这样的技能，我们要用什么样的方式来庆祝？你想和谁一起庆祝？"总之，勾画出成功的画面越详细、越清晰越好。

第八步：花时间陪孩子一起练习新技能

父母可以通过场景模拟演练的方式来把要学习的技能和方法演练一遍。场景模拟演练是大多数孩子都非常喜欢的一种学习方式，对于年龄较小的孩子来说，这就像做游戏一样有趣、好玩。

在果果大约四五岁的时候，我发现每次带他出去，他见到人不是不打招呼就是打招呼的态度不友好。于是，我决定趁着出游的机会和他演练如何有礼貌地打招呼这个技能。

> 在出游的前一天，我跟孩子说："果果，明天妈妈将带你和妈妈的朋友们一起出去玩，这次去的人当中，有些叔叔阿姨你认识，有一些你不认识。妈妈现在想和你一起做一个怎么和叔叔阿姨们打招呼的游戏，这样明天你见到他们就知道怎么打招呼了，可以吗？"

孩子一听玩游戏，很开心，于是我们拿出玩偶，开始模拟见到这个叔叔，我们可以怎么打招呼，见到那个阿姨用什么方式表达自己的友好……一番情景模拟练习下来后，孩子玩得不亦乐乎。

第二天，孩子非常自然地就用前一天游戏中情景模拟练习的方式来向叔叔阿姨们打招呼，大家见了也直夸他有礼貌。孩子得到这样的正向反馈，自己也非常高兴，慢慢地，他在打招呼方面，就形成了一个良好的习惯。

情景模拟演练是孩子非常重要的学习方式，今天表演技能，数天后就可以掌握技能，慢慢地，这个技能就会成为一个习惯。任何技能的学习，都需要花时间去练习、去训练才能掌握。

第九步：公开和提醒

当我们和亲友谈论到孩子的时候，谈论的话题如果是孩子正在学习的技能，远比谈论孩子存在什么问题会让人愉快得多，孩子自己听到也会觉得高兴和骄傲。同时父母也可以鼓励孩子把学习到的新技能教授给其他人，因为"教是最好的学"。

根据学习金字塔理论的研究表明：一个技能如果教授他人一次，那么自己对这个技能的掌握程度能达到90%以上。在新技能成为一种习惯之前，孩子或多或少会忘记，也有坚持不下去的时候，这时，父母不要打击孩子——你做不到吧？你看你才坚持多久，就坚持不下去了，你就是没有恒心。这些话对孩子没有任何好处。

父母可以和孩子提前商量和约定：如果忘记了练习新技能，是否需要提醒孩子？如果需要，孩子希望别人用什么信号或方式去提醒？是一个特定的手势？还是某种特别的声音？或者跺跺脚？或者拍拍手掌？总之，我们要尊重孩子的意见。

第十步：开始下一个技能的学习

当孩子逐渐掌握了这个技能的学习之后，我们可以和孩子开始计划下一个技能的学习。当我们把"如何消除孩子的问题"的想法转变为"如何帮助孩子学习技能"的观念时，我们的心态也会发生变化，教育孩子的方法也会有所不同，得到的结果自然也会不一样，孩子的成长和发展自然就会呈现出正向发展的趋势。

第四节

增强孩子的抗逆力，未来才能跨越更多挑战与困难

近几年，发生在我们身边的青少年儿童自我伤害的事件层出不穷，在我接待的小来访者中，有儿童抑郁症倾向的占了一小部分，这就需要父母们要多培养孩子的逆商。

1. 逆商——孩子成长的助推剂

逆商是指孩子的抗逆力，或者说抗挫能力，相当于"挫折承受力""耐挫力"等，是指一个人处于困难、挫折、失败等逆境时的心理协调和适应能力，也是当个人面对逆境时能够理性地做出建设性的、正向的选择和处理方法的能力。

培养孩子的逆商，在孩子迎接未来人生的道路上非常重要。

2. 培养孩子逆境中的"回弹"能力

抗逆力是个人的一种重要能力，能够引领个人在身处恶劣环境下懂得如何应对不利的条件，从而产生正面的结果。抗逆力主要由

三个要素构成：

（1）外部环境支持因素：指的是一个人拥有的外部资源，这种外部资源包括个人从小到大生活、成长、学习、工作等的整个环境，以及这个环境中带给他的各种支持因素，即"我拥有什么样的支持"，比如亲人、朋友、同事、同学给予的情感、物质、能力等支持。当一个人生活在所有人都支持他的环境中时，他对这个环境会拥有更多的归属感。这种来自情感上以及实际生活上的帮助和支持的力量会让一个人拥有更好的抗逆力。

我们知道，没有任何一个人能够独立生存下去，我们必然生活在一个与他人互动交流的大环境中，并且，在这个大环境中要有足够的归属感和价值感。在这个大环境中，与我们生活交互影响的每个人都是构成我们外部环境支持的重要因素。在和他人的互动交往中，我们能够建立积极的人际关系、创造有品质的亲密关系和亲子关系，同时也拥有了更好的抗逆力。对于年龄较小的孩子来说，父母和主要养育者则是他们最重要的外部环境支持因素。而对于青春期的孩子来说，关系好的师长朋友是他们非常重要的外部环境支持因素。

作为父母，我们应该怎样帮助孩子拓展更多的外部环境支持力量呢？具体包括以下几个方面：

①在早期养育中给予孩子积极及时的回应，帮助孩子建立安全的依恋关系。父母在养育孩子的过程中，要让孩子切实感受到来自父母的爱、接纳和陪伴。

②建立良好的亲子互动模型。人际关系互动的原始模型就是早年的亲子关系，所以，父母在孩子成长的过程中，和孩子建立怎样的亲子关系模型，决定了孩子一生将会拥有怎样的人际关系品质。

父母在孩子成长的过程中，如果能够给孩子提供足够的安全感和信任感，让孩子感受到来自父母的支持，那么，孩子在进入学校、工作岗位、自己的婚姻时，也会带着对他人足够的信任感去建立关系。而所有良好的关系，是外部环境支持力量最重要的组成部分。

③父母要给孩子提供及时的帮助，成为孩子心理上最坚实的后盾，帮助孩子学习获得社会系统的支持。

④孩子不论遇到什么挫折、困难，父母都要选择第一时间站在孩子的身边，及时给孩子提供情感支持。例如当孩子被老师批评的时候，和同学发生冲突的时候，父母可以采用一些"认可、接纳孩子的情绪""共情""同理心倾听""好奇十问"等方式对孩子的情感提供支持。

（2）内在优势心理因素：指的是在通过和他人的互动中，观察他人对自己的反馈，逐渐形成对自我的认识，这称为自我形象，即"我是一个怎样的人"。一个自我形象良好，积极正面的孩子，他的内心会更加乐观、积极，这种乐观积极的心态就是个人的内在优势心理因素。

我们每个人都是在和他人的互动中，通过观察他人对自己的反馈而逐渐形成对自我的认知，这称为自我形象。一个自我形象良好、积极正面的孩子会更加乐观积极，也会拥有高逆商。他们遇到困难和挫折时，不会轻易放弃，会有信心去面对困难和挫折，也更懂得珍惜自我。

那么，父母在孩子成长的过程中，如何帮助孩子形成更好的自我形象呢？

我认为，鼓励孩子是非常重要的。在孩子成长的过程中，父母能够做到积极关注孩子、关注孩子的积极面，比总是指出孩子的问题对孩子更有帮助。因为孩子是从他人的眼中慢慢认识自己的，所以，他人（尤其是父母）眼中看到的孩子是如何的，直接影响孩子如何看待自己。

如果父母总是批评孩子的缺点，很少看到和鼓励孩子的优点，长此以往，孩子对自我的形象认同就会比较差，认为自己就是父母眼中那个糟糕的孩子，孩子的自尊感会降低、自信心不足、自我价值感差，甚至可能会形成自卑心理。

一个自卑心理很强的孩子，很容易觉察到生活的消极面，在遇到困难和挫折的时候，没有足够的自信相信自己能够解决问题。

NLP（Neuro-Linguistic Programming，神经语言规划）导师李中莹在他的书中曾说过，一个人要拥有健康的心理，在成长过程中要被肯定5 000次以上。所以，父母可以从现在开始，每天给孩子一点鼓励，帮助孩子早日树立良好的自我形象认知。

（3）个人有效应对困境、解决问题的能力。即"我能做什么"。

如果孩子掌握了人际关系处理技巧，具备了一定的同理心、幽默感和沟通能力，懂得运用资源及寻求帮助，那么在遇到挫折和困难时，就能及时察觉自己的情绪并正面表达出来，清楚地知道自己想要什么，并根据自己的需要制定目标，一步一步达成所愿。

一个人的能力不是天生的，孩子解决问题的能力也是需要父母在孩子成长的过程中不断给孩子机会去学习和练习的。比如，正面管教课程中的"家庭会议""头脑风暴""日常行为计划表""选择轮""积极暂停角"都是父母帮助孩子解决眼前的问题，培养孩子解决问题能力的方法和工具。当孩子具备了这个能力后，孩子的抗逆力自然而然也会提升。

指点迷津

每个孩子的一生都会面对很多挫折,父母只能陪孩子走某一段路,后面还有很长的路需要孩子自己独立去走完。我们期望孩子成长,不仅仅是身体的长高、学习成绩的优异,更希望看到孩子在成长过程中,即便遇到困难和阻碍,即便面对失败与挫折,能在跌倒后爬起来再战,克服一切,拥有百折不挠和从不轻言放弃的精神。

第二章

陪孩子度过失败与困难，让亲子关系升温

第一节

孩子遭遇失败，父母应该怎么陪伴孩子一起面对失败与挫折

案例

> 果果报名参加了一个机器人编程大赛，我知道他对这次比赛期望值比较高。为了这次的机器人编程大赛，果果准备了很长的时间。根据老师反馈，他在前期集训和小组学习中，一直是小组中学习最快、最认真、最早拿下全部比赛内容的。
>
> 在比赛当天候场时，他的情绪非常高昂。但非常遗憾的是，虽然在前期编程的比赛过程中，他和队友以非常快的速度完成了编程，并进行了检测。但是，在后面的机器人角逐中，果果和队友选的机器人，非常遗憾地被对方的机器人以两胜一平一负的成绩淘汰出局了。

比赛结束，在得知自己失败的那一刻，我看到果果脸上瞬间露出了伤心、失望、难过、挫败的表情。那一刻，我心里也感到非

常难过和遗憾，看着孩子为这次比赛努力准备了这么久，第一轮就被淘汰，我无法想象在他的心里，这一次的打击会给他带来多大的影响。

那么，如何帮助孩子去面对失败以后的情绪情感，让孩子的情绪安全着陆呢？

1. 面对孩子的失败，父母首先应该陪他们渡过"情绪难关"

当孩子走出赛场时，我带着侄子一起给了他一个大大的拥抱，并对他说："很遗憾也很可惜，但是妈妈和弟弟都在你身边。"（在孩子遇到挫折和困难的时候，我让孩子知道，他不是一个人，家人会在旁边支持他。）

"妈妈，我们输了。我一点也不想第一轮就输！"孩子哭丧着脸对我说。

"嗯，是的，我也不希望你第一轮就输，你现在一定感觉很难过，对吗？"（表达自己和孩子感受相同的部分，让孩子觉得自己和他是在一个阵营的，并以关心的态度去尝试澄清孩子的感受。）

"妈妈，我真的太生气了，我们是最快完成编程的。而且我们还试验了，程序完全没有问题。如果队友A听取我们的意见，放弃轻的机器人，选择重的机器人，我们很有可能取得胜利。"

果果参加的是集体比赛，三人为一组——队友A（初中生）、四年级学生果果和队友 B。平时，果果和队友 B 与队友 A 的沟通比较少，队友 A 在集训时常常玩手机，没有专心参与集训。果果曾在赛前提出希望能换一个队友，但是没有成功。这次比赛选的机器人也是队友 A 提出的，果果和队友 B 提出了反对意见，但是，显然面对比自己大很多的孩子，他们俩无力反抗。

"嗯，他没有征求你们俩的意见，一个人决定了使用轻型机器人，而且输掉了比赛，这让你也感到很生气，对吗？"（理解孩子试图对失败做一个归因的想法，用共情的方式，镜映孩子此刻内心的各种复杂而细微的情绪情感体验，并说出孩子的感受，帮助孩子学会命名自己的感受。）
…………

回家路上，孩子一直诉说着他的难过，我也一直倾听和共情他，一路承接着他比赛失利之后的糟糕情绪。到家后，我原以为事情暂时告一个段落了。可是，突然听到房间里一声巨响，接下来是孩子哇哇大叫的声音。我瞬间反应过来，孩子的情绪还没有过去。

我走过去，抱了孩子一下，然后拉着孩子的手坐在沙发上，对孩子说："你还是感到特别的难过，是吗？"

孩子的眼泪在眼眶打转："妈妈，我心里很难过，如果我们选的是那个重型机器人，就不会这样了。"

"想到这个原因而输了比赛，你就感到特别的遗憾和难过，如果当时选的是那个更重一些的机器人就好了，对吗？"

第二章 陪孩子度过失败与困难,让亲子关系升温

(我继续带着同理心去倾听孩子,帮助他说出他内心的想法和遗憾。)

"嗯,是啊,我们这段时间这么努力,集训了这么久,程序做得那么快、那么好,可是,结果却这么糟糕!"(孩子说的时候,我都能感受到孩子的难过。毕竟他付出了这么多努力,却得到这样一个结果,产生的难过、心痛和遗憾的情绪,没那么容易疏解。)

"是啊,这段时间,你真的很努力,这么尽心尽力,就是希望能得到一个更好的结果,可是,这个结果却是这样的,你觉得真的太难过了,对吗?"(作为妈妈的我,此时是孩子情绪的容器,承接和包容孩子全部的情绪即可,不需要提供给孩子安慰、说教等。)

…………

孩子一直诉说着他比赛失败的感受,表达着他的伤心、难过、遗憾、痛苦和愤怒的情绪,而我一直坐在他身边,拉着他的手,认真倾听着他的诉说,带着同理心回应他的情绪情感。

大约十分钟以后,孩子叹了一口气说,"既然已经这样了,那也没办法了。妈妈,我觉得好多了,我能吃个冰激凌再安慰自己一下吗?"

我笑了,给他和侄子各拿了一个冰激凌,孩子和弟弟开心地边吃边玩,看起来好像事情已经过去了。但是,我知道,孩子内心还会在某个时间感到难过。不过,没有关系,只要他感觉难过,我随

时可以倾听他、理解他、陪伴他度过这次挫折和失败带给他的糟糕时刻。

2. 责怪与安慰，并不能帮助孩子建立面对挫折的信心和勇气

父母面对孩子的失败、挫折，都希望尽快帮助孩子走出糟糕的情绪情感体验。所以，父母就会去安慰孩子：

"没关系的，下次再做好。"
"别难过了，这只是小小的比赛，又不是什么大事情。"
"不要想了，都过去了。"
…………

但是，这种安慰是无效的，为什么呢？

因为从成年人看待问题的角度，我们理所当然地认为是小问题，可以不在意。但是，于孩子而言，这恰恰是孩子成长中经历的大事情。如果孩子经历失败挫折之后的情绪情感并没有得到妥善处理，可能会被积压在内心深处，持续影响孩子。

我们要明白，当孩子遇到困难时所表现出来的情绪、行为、语言等只是一个表象，我们需要透过这个表象，发现孩子内心的真正需求，要根据孩子自身特点和事件具体情况，针对性地进行安慰或者鼓励。在孩子遇到困难时，我们要提供切实可行的建议、解决方案，以实际行动支持孩子，带着孩子去面对困难，解决困难。

如果只是简单几句的安慰,有的孩子可能会因为对父母轻视自己感受的不满而当场爆发情绪,最后演变成一场亲子之间的巨大冲突。

其实孩子只是希望父母能够像一个容器一样容纳自己的情绪情感,而不是试图忽略和无视自己的情绪情感。

当孩子出现失败时,有些父母只会以指责、批评的方式应对孩子的挫折与失败,他们可能会对孩子说:

"你应该找找自己失败的原因,不要去怪别人。"

"失败了,就说明你们不够好,说明自己没有做好。"

"都告诉你要……,你不听,现在失败了,做错了,你怎么好意思怪别人?"

…………

而有的父母是在试图尝试帮助孩子走出痛苦感受失败之后,内心无力应对,转而变成了愤怒的指责:

"就这点事情,你至于这样吗?"

"你真没用,这点事情都做不好。"

"就知道哭,哭能解决问题吗?"

…………

有的父母,甚至会把孩子的挫折、失败看成是自己的挫折、失败。还有的父母,会想起自己在孩童时期经历失败和挫折时未被妥善处理的痛苦感受。

显然，不论是试图拯救孩子还是指责孩子，都对孩子学习如何更好地面对挫折与失败无任何益处。

3. 帮助孩子面对，并战胜失败与挫折

父母要放弃拯救孩子的想法，允许孩子去经历生命中的苦难和痛苦。人生原本就是一段丰富多彩的旅程，孩子也需要丰富多彩的经历和经验。孩子需要经历成功的喜悦，也同样需要经历失败的难过和遗憾；孩子会经历相聚的快乐，也同样会经历分离的痛苦。

所以，父母需要尊重孩子经历的每一份情绪情感体验。父母对孩子经历的这些情绪不必过分紧张，但要认真对待。父母需以一种宽容、接纳、允许的态度去见证孩子的经历，因为孩子从父母的态度中能体会到，这些失败与挫折带来的痛苦和糟糕的感受只是生活的一部分，并非不可面对（见下页图）。

张德芬曾经在《舍得让你爱的人受苦》中讲到，不论是父母孩子，都要舍得让我们爱的人去经历他们所要经历的苦难和痛苦。

（1）父母可以陪伴孩子一起经历挫折与失败之后的痛苦与难过，做一个见证者和陪伴者。当父母能够以不批评、不干涉的接纳态度，陪伴孩子去经历生命中无法回避的那些情绪情感体验时，孩子才不会感到孤独与无助，才会更加有勇气去面对生命中遇到的挫折、失败和困难。

（2）父母可以做孩子情绪情感的容器，承接孩子的情绪情感，帮助孩子消化尚没有能力消化和处理的一些情绪情感。

（3）给孩子充分平复情绪、面对失败的时间。不论是输了一场比赛、遇到一个挫折，还是失去一段友情、失去心爱之物……父

第二章 陪孩子度过失败与困难，让亲子关系升温

帮助孩子面对，并战胜失败与挫折

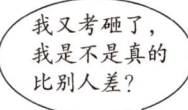

> 我又考砸了，我是不是真的比别人差？

> 我们应该如何帮助孩子走出失败的阴影呢？

1. 做孩子的见证者和陪伴者

体会孩子的感受，不让孩子独自承受失败

2. 做孩子的情感容器

以良好的状态帮助孩子消化不良情绪

3. 给孩子面对失败的时间

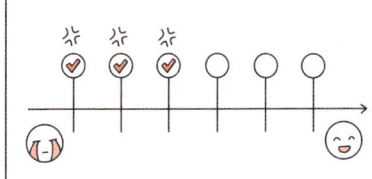

给孩子时间消化负面情绪

帮助孩子总结经验，应对新挑战

母可以给孩子时间去充分消化这份失去。

当孩子和父母交谈过一次，并不能表示这件事就画上了休止符。过几天再提及这次的失败时，孩子可能还会感觉到伤心难过。这时，父母不要说："事情都过去了，怎么还提呀？"

因为那件事情在孩子的内心可能还没有过去，孩子处理情绪情感的方式和成人不同，他们不能一次处理太多的伤心和难过。所以，他们会每次拿出一点点来处理，处理了一部分后，就暂时先放放，去玩一玩，让自己开心一下。过段时间，觉得自己可以了，又拿出来处理一部分……就这样，一点一点地，孩子才能慢慢把自己经历的那些糟糕的事情带来的情绪情感处理好。

指点迷津

孩子成长的过程中，面临失败是不可避免的。产生失败结果、进行心理疏导、长时间平复情绪这都是孩子成长路上很正常的经历。父母可以以同理心为基础，作孩子的陪伴者与见证者，让孩子接受失败，不沉迷于失败的负面情绪并从失败中获得成长。

第二节
错误是学习的好机会，帮助孩子从失败的经历中总结经验、学习成长

前文中我曾与大家分享过，我的儿子果果努力准备了许久去参加机器人比赛，却在初赛被淘汰。在比赛后的两三天，我们深入交流了一次，通过一系列提问的方式，启发孩子思考和总结。

妈妈："愿意再谈谈那天比赛的事情吗？今天我想和你讨论上次比赛失利带给你的学习和收获，可以吗？"（先征得孩子的同意，确定孩子愿意谈这个话题，再邀请孩子一起来总结经验、探索学习，通过讨论得出结论，而不是父母硬塞给孩子一段道理。）

果果："好啊，虽然我想到这次比赛心里还是有一些难过的，但是你说吧，我可以听。"

妈妈："想到这次比赛，你还是觉得挺遗憾的，是吗？看起来，对你而言这确实是一次影响很大的失利呀，你为此难过了这么久了。"（先共情孩子的感受，并引导孩子看到，为后面的谈话做一个铺垫。）

果果："嗯，想起来是很让人难过。"

妈妈："是的。为了我们以后尽量减少失误和失败带给我们难过的感觉，咱们总结一下这次失败的经验教训吧？看看哪些方面做得比较好，以后继续保持，哪些方面做得不够好，下次调整？"（父母引导孩子从错误中学习时，也不要忘记了积极关注，孩子做得好的地方，是非常值得被看到、被鼓励的，同时，也可以作为好的经验保留下来。）

妈妈："那我们从内因和外因两个方面来总结一下吧？首先，围绕你们团队内部来分析，你觉得你们团队三个人这次全都尽全力去做了吗？"（引导孩子从多个层面去分析和讨论事情成败得失的原因，从不同的层面去学习和总结经验。）

果果："我们尽力了，每次训练我们都很认真。"

妈妈："真的吗？你们三个人都全力以赴了吗？"

果果仔细想了想："妈妈，我和我同学（队友B）每次训练的时候都很认真，但是，那个年纪更大一些的队友A，平时练习的时候，基本上在玩手机。我觉得他没有尽全力吧。"

妈妈："在你们三个人的参赛小队中，你和你同学两个人都尽力了，这很好，你们为了比赛在尽力而为。队友A显然没有尽力，你觉得他对你们这次比赛失败的影响大不大？"

果果："当然大了，他最后选的机器人自身重量太轻，自然容易输了。"

妈妈："是啊，一个团队中，决定比赛的成功与否，可能恰恰与团队中最弱的那个人有关。那如果下次再遇到这种情况，该怎么办呢？"

果果歪着脑袋想了想："我们可以提醒队友在比赛前认真

练习，并且督促他练习，让他能够做得更好一些。"

妈妈："嗯，这样挺好的，你们是一个团队，所以团队齐心协力很重要。不过，如果你们提醒了，但是他还是自己玩手机，不认真训练，怎么办？"

果果："那我们就再多提醒几遍，如果提醒了好几遍还是不行，那么我可能会跟老师申请更换队友。"

妈妈："是的，他做与不做，这是他自己的事。别人的事，我们尽量提醒、帮助、拉一把，但我们不能强求他人听我们的，实在不行，适时放弃也是可以的。"

虽然，一个团队的齐头并进、互帮互助和"不放弃、不抛弃"的精神很重要。但是，这些精神的前提是这个团队中的人都主观愿意配合与合作。

妈妈："关于自己的部分，你已经尽力和努力了，关于他人的部分，你下次也知道如何恰当地去影响而不过分干涉了。那么，接下来，我们看看团队成员之外的影响因素部分。"

果果："妈妈，我觉得有运气的因素。我们这次七个小组抽签，有一个小组运气就很好，抽到了直接晋级。"

妈妈："嗯，是的，这是一个很重要的外因——有些事情就是靠运气的。那么，碰到这种运气的情况，你怎么办？"

果果耸耸肩："这个我也没办法。如果运气好，抽到了直接晋级，那么我们就认真准备下一轮的比赛。如果没有抽到，那就认真对待第一轮的比赛呗。"

妈妈:"OK,我们不能决定的事情,多想无益,那么我们再来讨论一下对这次比赛胜算的分析,这既有外界因素的影响,也有我们自己能够努力的部分,通常和一个概率有关。你知道什么是概率吗?"

果果:"我知道。"

妈妈:"那你对你们选择什么样的机器人分别胜算的概率有没有分析过?"

果果:"我分析了,如果我们选重型机器人,那么机器人只有在被带钩子的轻型机器人钩住的情况下才可能输,其他情况下,我们赢的概率很大。但我们选的这个带钩子的轻型机器人,却只有在钩住对方的机器人的情况下,才可能会赢,其他情况下都会输。但是妈妈,队友A非要选这个机器人,而且他看上去还蛮凶的。"

妈妈:"这个确实不是你能够独立处理的问题了,下次遇到类似情况,要及时告诉老师或爸爸妈妈,我们会协助你一起处理这个问题的。"

果果:"其实,如果我早点跟老师说就好了,队友B比赛前一刻还跟我说,我们选的机器人太轻了,肯定会输的。我本来以为也许运气好,不会输的。"

妈妈:"所以,你觉得自己也是有一定责任的,如果下次你们发现问题后,早点寻求帮助来解决就好了,是吗?"

果果:"嗯,是的。"

很多时候,父母们可以从两个维度、三个方面来跟孩子讨论失败或错误时间带给我们的学习经验和成长(见下图)。

通过两个维度、三个方面从错误中学习经验和成长

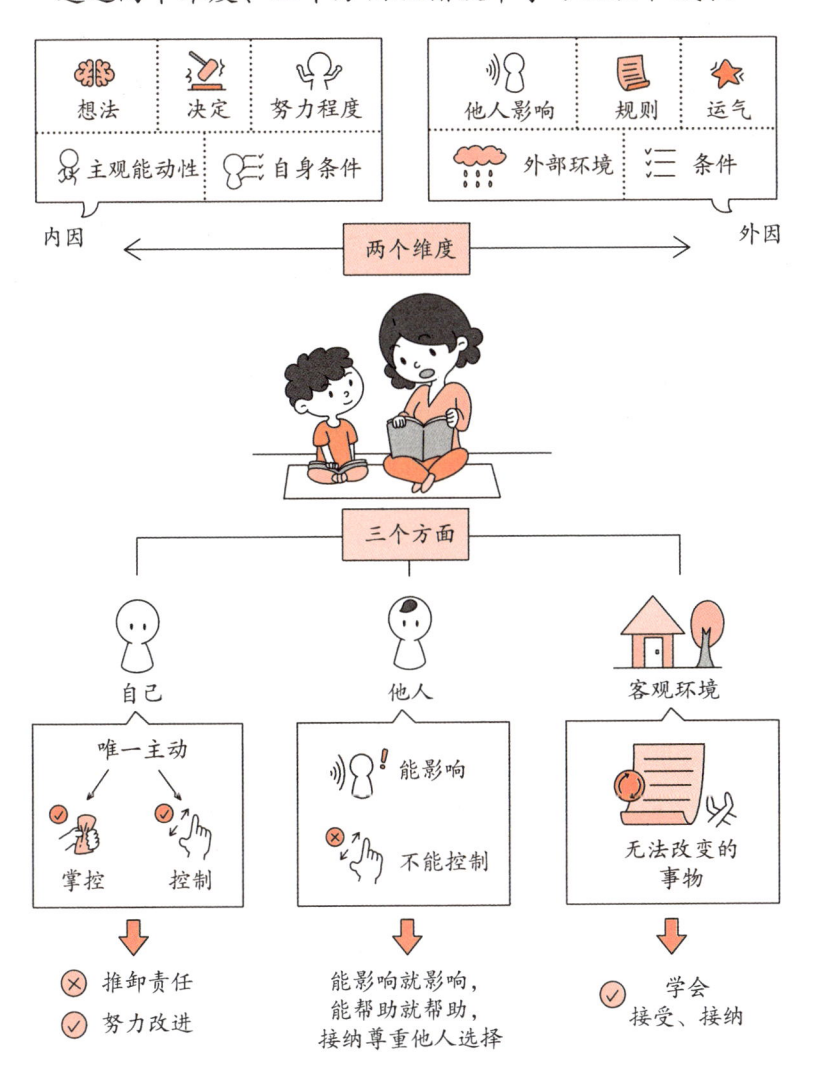

内因			外因		
想法	决定	努力程度	他人影响	规则	运气
主观能动性		自身条件	外部环境		条件

内因 ← 两个维度 → 外因

三个方面

自己 — 唯一主动
- 掌控
- 控制

↓
- ✗ 推卸责任
- ✓ 努力改进

他人
- 能影响
- 不能控制

↓
能影响就影响，
能帮助就帮助，
接纳尊重他人选择

客观环境 — 无法改变的事物

↓
- ✓ 学会接受、接纳

1. 两个维度——内因和外因

任何一件事情的结果都离不开内因和外因两个因素的影响。内因通常是指我们自己的想法、决定、努力程度、主观能动性、自身条件等。外因则可能是指他人的影响、规则、运气、外界环境、条件等。

大多数情况下,人们对于失败的事情倾向于外归因,就是把失败的原因归咎于外在,而对于成功的事情更愿意内归因,认为成功是自己的原因。这也是人的一种心理防御机制的自我保护方式。

如果我们面对孩子所犯的错误不是批评、指责、羞辱、责骂,而是宽容、接纳,孩子也就不需要常常启动这样的防御机制来归因了。

2. 三个方面——自己、他人、客观因素

我们和孩子讨论从错误中学习到了什么,除了考虑内因和外因两个维度外,还可以从自己、他人和客观环境这三个方面来考虑。

(1)自己的事,通常是自己能够努力的部分,属于内因。这是我们唯一能够主动掌握和控制的部分。

(2)他人的事,这是我们能够影响但是不能控制的,我们无法决定别人做什么,所以,面对他人,能影响就影响,能帮助就帮助,不能影响和帮助,就接纳和尊重他人的选择,不越界、不干涉,不试图控制他人的决定和行为。

(3)客观环境,是不以人的意志为转移的,我们无法改变。我们要教导孩子去接受和接纳,比如下雨天出门会被淋湿。下雨

是客观环境，我们无法让雨停止，但是我们可以撑伞避免自己被淋湿。

当孩子面对错误和失败时，我们可以引导孩子从三个方面去对待：

（1）自己方面，不过分自责也不推卸责任，反思自己是否尽了自己该尽的力。如果答案是肯定的，那么不必自责，不必过分承担自己不必承担的责任；如果答案是否定的，那么下一次如何改进，如何承担起自己该承担的责任。

（2）他人方面，不必过于责备他人，看看他人是否有什么原因或需求导致出现失误？自己能帮助或影响他人做些什么（尽力而不强求）。相信他人是有为自己负责任的能力的。

（3）客观方面，引导孩子接纳这个世界上有很多事情是不受自己控制的，学会接纳比怨天尤人会让人更幸福一些。

指点迷津

任何经历对孩子而言都是宝贵的，在孩子不再抗拒"失败"的情绪后，可以通过引导式提问，帮助孩子自己总结归纳某件事情的亮点与不足，不仅能让孩子坦然谈论自己的错误并从中学习接纳，更能增进亲子关系。

第三节

面对住校分离，父母要加强联结纽带，给孩子安全感

果果五年级的时候，我因为工作调动需要给孩子换一所学校，经过多方比较，我给他选了一所私立的寄宿制学校。这所学校的口碑很不错，教学质量比较好。但是，在是否寄宿这个问题上，我和果果产生了一些分歧。果果表示自己想去寄宿，能照顾好自己。但是，我的意见是暂时不寄宿，申请走读。

因为，孩子还太小，虽然他表现得比同龄孩子更加独立、有主见、有担当，也能自己照顾自己。但是，我有以下三个方面的担忧。

首先，果果毕竟才上五年级，寄宿到学校以后，将面临很多意想不到的问题和困难。同时，他也在形成自己的处事方式，如果没有父母在身旁适当帮助和指导，可能会手足无措。

其次，在转学的同时还选择寄宿，意味着孩子将完全脱离原本熟悉的学习和生活环境，完全进入一个全然陌生未知的环境。从依恋的角度来看，孩子和原本建立起来的所有依恋对象间的联系变得不够紧密，这对孩子的成长不利。

最后，孩子如果在小学就进入寄宿制学校，那么作为父母，陪伴孩子的时间、参与孩子的成长机会就变得少了。

经过沟通，我们达成一致意见，白天在这所寄宿制学校读书，晚上上完晚自习回家休息。在回家的路上，我还可以听听孩子一天都发生了什么，有没有遇到困难？每天开心的事情有哪些？而早上送孩子的路上，我可以和孩子聊一些如何更好地和同学、老师相处的问题。

随着社会的发展，孩子进寄宿制学校读书的年龄越来越小。曾经，孩子大多数在父母身边读书到高中毕业，上大学之后才第一次离家。但是，最近几年，各地寄宿制高中、初中已经越来越普遍，甚至，很多城市的小学也都开始寄宿制。

对于寄宿制学校对孩子的身心成长是利大于弊还是弊大于利，这个众说纷纭，每个学校的情况不同，每个孩子的适应能力不同，父母看重的需求点不同，结果自然也不同。这里，我们不讨论是非对错的问题，我想，父母送孩子到寄宿制学校，必然有父母的原因和理由：

对于很多工作忙碌又没有老人帮助接送照顾孩子的家庭来说，寄宿制学校大大缓解了父母照顾孩子的困难和压力，周日晚上送孩子去学校，周五晚上接回来，父母可以安心工作，即使中途赶上出差、加班，也不用担心孩子没人接送、吃饭没着落等各类问题。

很多选择寄宿制学校的父母是听说寄宿学校教学质量比较好，希望孩子能够提高学习成绩。

同时，寄宿制学校每天晚上都有自习，孩子每天都能在自习时间及时完成作业和复习当天的学习内容，从时间付出和收获上来看，孩子提高学习成绩也是自然而然的事情。

还有的父母，是希望孩子能够学会独立，毕竟孩子到了寄宿制学校以后，很多的事情都没有办法像在家里一样找爸爸妈妈帮忙，一切得靠自己先去面对和解决，只有自己确实解决不了的，才会反馈到老师和爸爸妈妈那里。

对于很多孩子而言，在寄宿制学校也会带来很多快乐。例如，青春期的孩子，他们更喜欢和同龄人待在一起，这样就减少了每天面对父母唠叨的概率。

虽然，寄宿制学校带给父母和孩子很多的益处，但是，寄宿制学校的孩子们面临的很多困难和挑战也会比其他学校的孩子面对得更多一些。

1. 离开家以后，遇到困难和问题不知所措，不知道该怎么办，又不知道该求助于谁

孩子在寄宿制学校里，除了学习，可能与老师、同学之间的互动会更多。有时候，一些互动可能会带来一些问题和挑战，比如孩子太小的话，可能会感到特别的挫败、无助甚至孤独。我们知道，孩子在成年之前，都需要有一个安全而稳定的依恋对象，通常这个依恋对象是孩子从小到大的主要抚养者，如父母、祖父母、外祖父母等。孩子只要生活在主要依恋对象身边，内心就会比较和谐和稳定。

2. 有的孩子会产生自卑心理

在寄宿制学校里，老师面对的是一大群孩子，没有办法单独为某一个孩子提供足够多的正反馈，孩子无法从值得信赖的成人眼中被镜映到，也就不会知道自己真实的样子。同时，因为没有足够的被关注，孩子的解释更倾向于消极负面的理解，所以，很容易变成：

"没有人喜欢我。"那为什么没人喜欢呢？孩子特别容易理解为："我不够好。"比如：不够可爱、不够漂亮、学习不好……长此以往，孩子更加容易陷入自卑情绪中。

3. 情感归属感降低，缺乏高品质的情感联结，缺乏足够的归属感和价值感，尤其是和家庭成员间的情感联结变少

在孩子成年之前，家庭成员提供的情感支持对孩子而言是非常重要的。孩子去寄宿学校以后，和家庭成员间的情感联结减少，或多或少会给孩子带来一些情感上的伤害。

在生活方面，父母要提前教授孩子一些基本的生活技能，例如整理自己的物品、洗碗、洗衣服等。这是一个长期准备的过程，孩子如果独立性比较好，在家里能够做些简单的家务，在入住寄宿学校前能够处理自己生活上的事情，那么进入寄宿学校以后，孩子遇到的困难会小一些。

在人际交往方面，父母要提前教授孩子一些人际交往之间的基本原则，比如公平、平等、尊重、互帮互助、人际交往的界限等。孩子如果能够遵守一些人际交往的基本原则，能够在和其他同学的相处中尊重他人、不侵犯他人界限、不欺负他人，也不允许他人随便侵犯自己的界限，能够遵守人际交往的公平公正原则，通常能和大多数同学相处愉快，也不容易被欺负。

4. 让孩子明白，这只是一个选择，而不是父母抛弃了他

若是不得已选择将孩子送到寄宿制学校，父母应该做好以下三个方面的准备（见下图）：

送孩子去寄宿制学校，需要做好3个方面

孩子住校后父母还需做哪些事？

1. 给孩子提供及时的支持和帮助

我遇到困难了……
- 生活困难
- 学习困难
- 人际交往困难

→ 提供帮助 → 父

父 ❤ 孩：倾听、理解、共情孩子 ＋ 给出解决方案

2. 帮助孩子建立良好人际关系

孩子，你跟老师和同学关系怎样啊？

- 人际交往（良好）→ 适应学校生活
- 遇到困难 → 寻求帮助

3. 关注孩子情绪、情感和心理变化

孩子，如果有困难，随时给爸爸打电话。

- 多和孩子、老师沟通
- 给孩子一个轻松快乐氛围

→ 安抚、理解、支持

（1）给孩子提供及时的支持和帮助。

父母在和孩子一起交流的有限时间内，不要只关心孩子的学习，而要多询问孩子是否需要帮助。多关心孩子内心的感受，多倾听孩子的心声，尤其是关心孩子的烦恼和痛苦。

（2）帮助孩子建立良好的人际关系。

阿德勒说："人的烦恼常常是来自人际关系的烦恼。"所以，真正让人能够幸福的是拥有良好的人际关系。

> 一位从寄宿制学校毕业后走上工作岗位的小姑娘曾跟我说："我刚开始到寄宿学校的时候特别自卑，觉得没有人喜欢我。慢慢地，有了好朋友。在学校那几年，好朋友一直陪着我，每次遇到困难，都是她在我身边和我一起解决，我有什么心事也第一时间告诉她。有些事情我爸爸妈妈都不知道，但是她都知道。幸亏那时候她陪着我。"

在孩子离开家、离开父母之后，好朋友的支持和陪伴对孩子而言就是非常重要的。

（3）父母要更多关注孩子的情绪情感和心理变化。

孩子住校以后，父母不要把过多的注意力放在孩子的学习上，而要更多地关注孩子在学校期间的情绪情感和心理变化。

> 有一次，老师给我发信息，说果果没有好好完成作业，我当时的第一反应就是，果果是不是对住校不适应，有情绪压力？有没有被老师批评？被老师批评以后会不会产生新的情绪困扰？

所以，我赶到学校问果果的第一句话就是："今天是不是被老师批评了，你是不是很难过呀？需要和妈妈聊聊你的心情吗？"

后来孩子告诉我，一切都好，他在学校也很愉快，我就放心多了。每次去看孩子的时候，我都能看到一些父母在批评自己的孩子。

有一次，我看到一个小女孩，刚开始见到妈妈时她挺开心的，冲着妈妈就跑过来了。但是，因为孩子不能出来，父母不能进去，所以，妈妈在门外，她在门内，两人说着话。

也不知道发生了什么，妈妈开始批评指责她，她在尝试辩解。但是，显然妈妈并没有听她的辩解。我就看着孩子在门内下意识地步步后退，然后母女二人不欢而散。

所以，在与孩子见面时，我经常会告诉我的孩子："如果有困难，或者被老师批评了心情不好，和同学相处中遇到了问题，生活中有什么需要，都可以随时给妈妈打电话，不论遇到什么事，都不用担心，妈妈都会陪你一起去面对？"

在宝贵的时间里，我们要把对孩子的爱、理解和支持告诉孩子，让孩子能够感受到即使自己不在父母身边，父母的爱一直都在，父母一直都在乎自己、牵挂自己，自己有困难随时可以找父母求助。

> **指点迷津**
>
> 　　父母只有多关注孩子，孩子才能安心走出家门，奔向自己的世界。因为他心里有底气：我在外面时，身后的家门时刻敞开着，欢迎我回来；我遇到困难时，身后的父母时刻准备着，随时给我提供支持。

第四节

与孩子建立安全的依恋关系，分离焦虑不再是孩子的噩梦

每年幼儿园入园，都可以看到入园孩子们的各种哭闹和不肯进幼儿园的行为。幼儿园老师常常会对父母们说："没关系的，你们走了孩子就好了。"

很多父母往往不放心，离开幼儿园以后心里就惴惴不安：孩子会不会在幼儿园一直哭啊？孩子和别的小朋友相处如何？会不会被别的小朋友欺负？会不会好好吃饭？能不能乖乖喝水？

于是，父母们会打开幼儿园老师给的监控链接，看着自己的孩子，发现大多数孩子在父母走了以后都不再哭闹，也能乖乖按照幼儿园的一日生活安排慢慢适应，这才渐渐安心下来。

但是，也有的父母发现，孩子入园以后，有很多的行为表现和以前不同了，却不知道是怎么回事。

因为幼儿园入园是孩子第一次经历长时间、高频率地和父母分离，第一次长时间离开从出生以来就熟悉的主要照顾者和熟悉的环境，单独进入一个新的陌生的群体和环境中去。

孩子会有很大的心理落差，也会对自己所经历的一切产生焦虑和担心。

1. 幼儿入园分离焦虑产生的原因以及表现

因为孩子原本在家中被一个或多个成年人关注着、呵护着、照顾着，进入幼儿园后，自己熟悉的依恋对象不在身边，身边都是一群跟自己年龄相仿的孩子。幼儿入园以后，分离焦虑可能会有哪些表现呢？

孩子入园焦虑最常见的一个表现就是哭闹。有的孩子甚至会从早上起床就开始哭闹；有的孩子刚开始入园几天不哭不闹，挺新鲜的，但是几天后，就开始各种哭闹，不肯再去幼儿园了。

有的孩子可能并不会表现得特别哭闹，却会在吃喝拉撒上表现出一些和以往不同的现象。例如，原本能够好好上厕所的孩子在入园以后突然大小便不规律了。

有的孩子则在入园以后每天晚上不肯入睡，一直拉着父母的手不松；有的孩子原本在家里有午睡的习惯，但是入园以后再也不肯午睡了；有的孩子则可能有明显的食欲减退或者暴饮暴食的表现；有的孩子在幼儿园则可能变得特别黏某个老师，不愿意和其他小朋友交往和玩耍；有的孩子则缩在角落里；有的孩子则可能表现出情绪暴躁、焦虑不安等；有的孩子在晚上见到父母的时候，可能表现得特别不乖，会为一些小事情而大发脾气等。

2. 与孩子建立安全的依恋关系

通常，孩子有四种依恋类型：

安全型依恋的孩子，父母在场时能够安心玩耍，既能接受自己独立玩耍，也能和父母良好地互动共同玩耍。在父母离开的时候，这种类型的孩子会表现出不安、担心，也会有一些哭闹，不肯入园等，但是通常不会表现得极度痛苦，在确定环境安全的情况下，能够很快安静下来，能够逐渐信任周围的环境和周围的人（这种信任也是基于对安全依恋对象的信任而建立的）。

在孩子可忍受的分离时间范围内，孩子能够忍受和父母分离，并能够适应幼儿园的一日生活，能够和其他小朋友交往和玩耍。晚上回家见到父母时，也表现得开心、热情而愉快，会向父母寻求安慰和安抚，会通过撒娇、身体接触等方式帮助自己从不安中平静下来。在不断重复的这个过程中，慢慢建立自信和对依恋对象更多的信任，并把这样的信任逐渐扩展到对更多人的信任上。所以，孩子在入园一段时间以后，会逐渐适应入园生活，分离焦虑情绪渐渐缓解。

回避型依恋的孩子可能表现得比较乖巧，不哭不闹。有的孩子可能会提出不愿意去幼儿园的想法，但是遭到父母反对之后便不再表达，孩子进入幼儿园以后，也对父母的离开表现得无所谓，甚至只顾自己玩玩具，根本不知道父母其实已经离开了。放学见到父母，也并没有表现出特别的热情和开心，甚至可能还是继续玩着自己的玩具，也不主动寻求父母的安慰和安抚，对于玩具或其他事物的兴趣似乎都比对父母的依恋更大。父母在不知道的情况下，甚至会认为孩子"乖巧""懂事"，但是事实上，这类孩子的内心对于分离感觉是比较痛苦的，孩子没有办法及时获得父母的支持和安抚，为了回避失望带来的悲伤、焦虑、羞耻感和痛苦，孩子选择回避自己的需求和感受。

表面看起来，这类孩子独立性比较强，但是，与父母分离和重聚时带给孩子的高压和焦虑让孩子容易出现生理失调，例如大小便失禁或在饮食和睡觉习惯上出现改变等。

焦虑矛盾型依恋的孩子则会用比较强烈的方式来表达自己对于父母离开的恐惧和担心。他们可能会大哭大闹、不肯进入幼儿园，进入幼儿园以后抱着父母不撒手，父母走了以后会长时间哭。当放学见到父母以后，孩子仍然不会感到安慰，会担心下一次的分离，所以，焦虑的情绪会一直持续着。孩子会表现出对父母的抗拒，或者会因为一件小事情而大发脾气，让父母不知所措。其实，孩子看起来是为一件小事情而发脾气，其实，孩子内心承载着很多的焦虑、伤心、痛苦和矛盾。

孩子一方面害怕和父母分离，一方面又回避和父母的亲近，在亲近和回避的矛盾中，孩子焦虑的情绪始终得不到安抚和放松，安全、被关注、归属等需求始终得不到满足。焦虑矛盾型依恋的孩子对入园分离焦虑的适应显得比其他孩子更慢，需要花更长的时间去适应。

混乱型依恋的孩子通常不多见，这类孩子在生命早期可能经历过非常吓人、无法预测暴力何时会降临的照顾者。此类孩子进入幼儿园，可能会表现出一些创伤后应激反应的症状：过度的自我保护，不能信任他人等。混乱型依恋的孩子，在幼儿园很难和小朋友建立关系，对老师也无法产生足够的信任感，有时候甚至让老师也不知所措。

3. 帮助孩子度过分离焦虑

孩子一点点长大，我们如何帮助孩子尽快度过孩子入园的焦虑期，让孩子尽快适应幼儿园的生活，并身心健康成长呢？

（1）父母要给孩子提供足够的安全感。前面我们提到，如果孩子属于安全型依恋，他很快能够适应。如果孩子属于其他三类不安全型依恋中的一种，就需要父母帮助孩子重新建立安全感。父母将孩子送到幼儿园后，可以和孩子抱一抱，然后道别再离开，千万不要因为害怕孩子哭闹、不放自己走，而趁孩子不注意的时候悄悄溜走。这样会让孩子更没有安全感。

（2）遵守和孩子的约定。如果送孩子上幼儿园的时候，父母答应孩子放学去接，那么就一定要说到做到。这不仅是一个关于遵守约定、信守承诺的问题，对于孩子而言，也是增加孩子安全感的一个重要举动。

孩子离开父母，很多父母自身其实也有分离焦虑的困扰，这和父母自己在成长过程中形成的安全依恋类型有关。所以，父母自己也要学会处理自己的分离焦虑，以免让自己的分离焦虑情绪影响到孩子。

（3）给孩子高质量的陪伴时光。一段相对固定的高质量的陪伴时光对于增进亲子关系、增加孩子的安全感、减少和缓解孩子的分离焦虑是非常有意义的。父母可以每天安排15~30分钟一对一地陪伴孩子，家里如果是多子女的话，父母最好是分别陪伴每一个孩子。每次在陪伴时间内，父母注意不要以玩手机、做工作的形式陪伴孩子，要做孩子喜欢和感兴趣的事情。

（4）加入更多的游戏力。父母可以在每天接送孩子的路上加入更多游戏力的内容，比如和孩子通过玩游戏的方式送孩子入园、接孩子放学，也可以在家里和孩子通过游戏的方式让孩子把幼儿园的生活给描述出来。

(5)**帮助孩子学会在自己觉得足够安全的人面前释放自己的情绪**。孩子通常会在自己觉得足够安全的环境下才能哭出来。很多父母可能会发现,孩子上幼儿园以后,放学回来和父母玩得很开心,但是玩着玩着就哭了,而且还不容易哄好。这有可能是孩子觉得回家以后重新和父母建立了联结,获得了安全感,所以,憋了一天的情绪释放了出来。

孩子不知道如何应对和处理自己各种复杂的情绪,所以,哭是最好的表达方式。父母慢慢地帮助孩子梳理情绪,共情式的回应,对于孩子将来表达情绪情感、培养高情商是非常有帮助的。

指点迷津

分离焦虑不仅在孩子身上会出现,成年人也常常会有分离焦虑,有的成年人对分离焦虑会有强烈的身心反应。但是,大多数成年人都能找到应对分离焦虑的方法,而幼儿处理自身复杂情绪的能力还在发展中,所以,在面对幼儿的分离焦虑时,父母不要着急,可以通过讲故事、绘画、玩游戏等方式帮助孩子把这种情绪表达出来。这也是帮助孩子学习表达情绪和情绪管理的重要机会。

第五节

父母提供良好的关系支持，才能激发孩子的社交主动性

> **案例**
>
> 牛牛妈妈因为养育青春期儿子的问题焦头烂额，跟着我一直学习，她有两个问题比较困惑：
>
> "我和儿子的关系有了很大的改善，但有时候觉得儿子不信任我，甚至他会认为我现在的这些改变都很虚伪，怎么办？
>
> "我的儿子很宅，除了和特别喜欢的两三个同学来往外，几乎不出门，就在家里打游戏，怎么办？"

三年前，牛牛妈妈进入我的父母课堂。在课堂里，牛牛妈妈安静、认真地学习，她几乎不怎么和大家交流，也不主动说话。她也不会在课堂上占用大家的时间把自己的问题不断拿出来说，而是始终安安静静地听别人说……

在一次私下的交流中，她对我说："我真的很喜欢听您的课，就是不太敢在大家面前说话，有时候怕自己说的不对，或者担心说自己孩子的事情而耽误大家的学习。"

我鼓励她："没关系，课上你有什么问题、困惑或是想法只管大胆说出来，说不定你的提问或分享能帮助到其他人。"过了一段时间，她在课堂中慢慢地开始分享自己的困难、学习收获等。

为什么当牛牛妈妈提出孩子的问题时，我会想到曾经的牛牛妈妈呢？

1. 关系：孩子是父母的映射

不论亲子关系还是朋友关系，这背后其实都是一个问题：关系。

在孩子和妈妈身上我们可以找到很多的共同点：都不太喜欢主动与人交往，和他人建立关系都有一些困难，在关系中都比较缺乏安全感等。父母对孩子的影响是最大的，从孩子出生开始，他们就在有意无意地学习和模仿父母，父母的观念、信念、一言一行都可能被孩子习得。根据依恋理论，牛牛妈妈自身的依恋类型是一个不安全的依恋类型。通常不安全依恋型的父母，在没有觉察和学习的情况下，很难养育出安全依恋型的孩子。

以前，牛牛妈妈和牛牛几乎无法交流，孩子放学回家就把自己关在房间里，甚至不和妈妈一起吃饭。当妈妈努力尝试改变自己——去鼓励孩子，向孩子表达爱的信息，和孩子沟通，主动和孩子建立关系之后，孩子慢慢发生了变化。

可是，因为孩子成长过程中经历的一切让孩子形成的是焦虑矛盾的安全依恋类型，所以，孩子一方面对妈妈说："你真虚伪。"这句话背后表达的是孩子的不安和渴望：我希望你可以一直这样爱我，我希望这是真实的，你会在任何情况下都这样爱我，而不仅仅是我乖的时候……

另一方面，牛牛正值青春期。作为青春期的孩子而言，知心朋友都不会很多，他们愿意敞开心扉的就只有那么几个他们觉得能够懂自己的朋友。

2. 父母需要给孩子提供良好的关系支持

如果你本身不是很喜欢和擅长人际交往，那么你的孩子也可能和你一样。你要接纳自己和孩子的这个特质。

那么，父母如果想要给孩子提供良好的关系支持（见下页图），需要怎么做呢？

（1）可以和孩子聊一聊，看看孩子对于自己的交友状态是否满意。

如果孩子觉得自己只和两三个朋友玩，甚至觉得自己一个人待着挺自在的，不会感到孤独，孩子大概率在交友方面是没有问题的。

如果孩子觉得自己只有几个朋友，而且十分在意别人的评价，经常陷入深深的孤独、自我怀疑、自我否定或指责他人的情绪中，那么父母就需要引起重视了，孩子可能在人际交往中遇到了困难。这个困难不一定是孩子真的交不上朋友，也可能是孩子对人际交往有过高的要求和期待。

第二章 陪孩子度过失败与困难，让亲子关系升温

父母给孩子提供良好的关系支持的重要三步

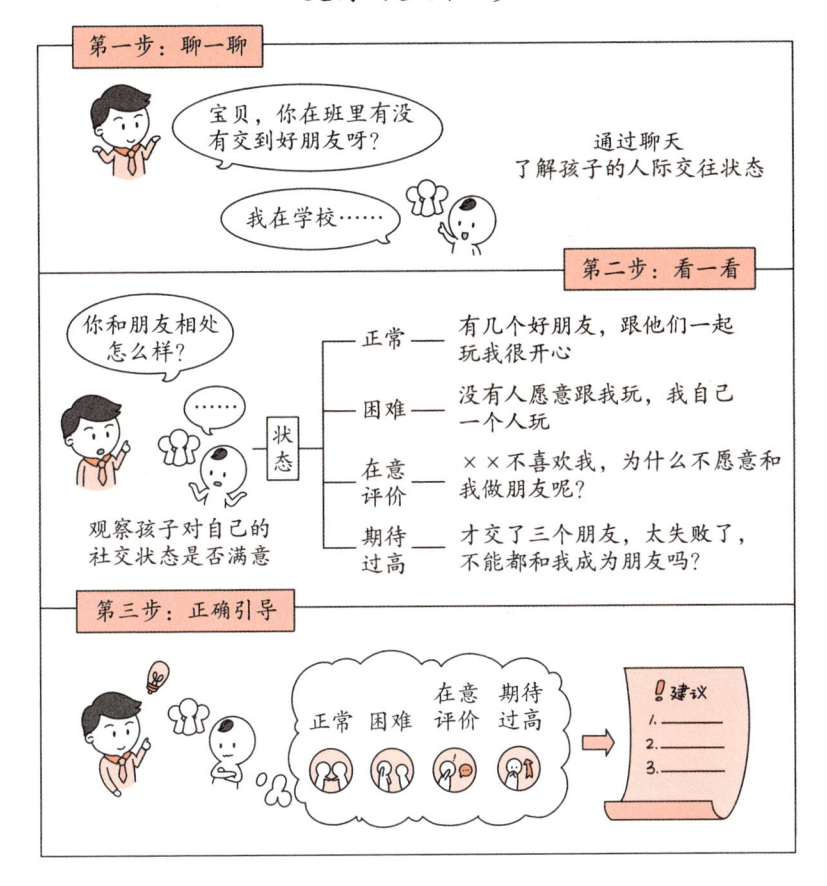

第一步：聊一聊

"宝贝，你在班里有没有交到好朋友呀？"

"我在学校……"

通过聊天了解孩子的人际交往状态

第二步：看一看

"你和朋友相处怎么样？"

状态：
- 正常——有几个好朋友，跟他们一起玩我很开心
- 困难——没有人愿意跟我玩，我自己一个人玩
- 在意评价——××不喜欢我，为什么不愿意和我做朋友呢？
- 期待过高——才交了三个朋友，太失败了，不能都和我成为朋友吗？

观察孩子对自己的社交状态是否满意

第三步：正确引导

正常　困难　在意评价　期待过高 → 建议
1.
2.
3.

（2）孩子如果觉得自己只有这么两三个朋友，太失败了，这就是孩子对人际交往的要求和期待过高了。

我曾经接待过一个青春期的小姑娘，漂亮又有才，但是在班上只有两三个好朋友。她认为其他人都不喜欢她。我问她：

"班上除了你的好朋友外,其他人都讨厌你吗?"她说:"那倒没有,只有一两个女生讨厌我,偶尔会听到她们在说我的坏话。"我问:"那认同那些说你坏话的人大约有多少?有三分之一吗?""不到三分之一,大概就几个人吧。"

这时,我们需要引导孩子看到,人群中真正能和自己成为好朋友的只有极少数,同样真正讨厌自己的也是只有极少数。即使人缘再好的人,也做不到让所有的人都喜欢他。

指点迷津

父母只有给孩子持续提供良好的关系支持,孩子会慢慢在和父母真实的关系互动中体会到父母真诚的爱,这样真诚的爱会让孩子慢慢对关系产生信任感和安全感,从而让孩子在人际交往中慢慢变得更加自信且自在。

第三章

好好沟通，别让语言变成破坏关系的利剑

第一节

孩子不听话，怎么说孩子才会听

还记得果果上幼儿园中班那会儿，一天，我从幼儿园接他出来，一上车我就对他说："宝贝，快坐好，咱们要把安全带系上哦！"

可是，果果似乎并不想理会我，而是摸摸这儿，摸摸那儿，试图转移我的注意力。于是，我只能再次强调："宝贝，系上安全带，它可以在你坐车的过程中保护你的呀。"

他噘着嘴赌气说："我偏不系！"

相信很多父母都会有一种"这孩子，越长大越不听话"的感觉。那是为什么呢？

原来，孩子渐渐长大了，开始有自己的主见。父母如果是以命令的语气要求其服从安排，而不是了解孩子为什么不愿意这么做，那么沟通过程中必然会产生很多矛盾。就像我和果果的这一次矛盾，他不愿意坐车载安全座椅，但是为了保护他的安全，我必须坚定地让他坐在安全座椅上，怎么办呢？

接下来，让我们一起来学习如何在孩子"不听话"的时候与孩子沟通。

我发现他有情绪了。此时，我明白，现在要做的不是让他服从我的"命令"，而是，我必须先处理他的情绪，于是，我先整理了一下自己的情绪，对他说："你不高兴，是吗？是因为要坐安全座椅，还是刚刚我说话的语气让你不舒服了？"

运用"你……"句式得站在孩子的角度说出孩子的感受，并提供具体的选项让孩子表达自己的不满，而不是单纯的提问，你为什么不按我的要求做，你为什么不高兴等，要尝试"共情"孩子、理解孩子。

果果："你知道我不喜欢坐安全座椅，还叫我坐！"
这时候，他好像更委屈了。我说："我知道，你觉得坐在安全座椅上很不舒服，又不自由，搞不懂为什么必须要坐这个让你难受的东西，你在想要是永远都不坐安全座椅就好了，对吗？"
果果："对，我就是不要坐安全座椅！"说着他眼眶还红了。

坐安全座椅确实不舒服，因为孩子被禁锢住了，活动范围仅限于安全座椅内。但是，为了他的安全，我不能妥协，因为孩子的安全是大于一切的。但对孩子而言，他不明白安全座椅和他的安全有什么直接的关系。作为父母，在坚持我们底线的同时，可以选择更和善的态度，让孩子明白父母让他这么做的目的，从而能够让他更好地接受。

我说:"你看起来好像特别难过和委屈,是吗?妈妈想先抱抱你可以吗?"

果果似乎不太愿意,我说:"没关系,等你想抱的时候,我随时都可以抱你!"他想了想,还是钻进了我的怀里!

通过拥抱,孩子感觉到了妈妈还是一如既往地爱他。所以我静静地抱了他约一分钟之后,他情绪就好转了,主动提出来:"妈妈,你帮我系安全带吧!"

"拥抱"会帮助孩子进一步平复情绪,孩子感觉好了,情绪稳定了才能进一步沟通。

孩子的问题有时候并不能一次解决。第二天下午放学,他又不肯坐在安全座椅上,我这次使用了"我句式"。我对孩子说:"宝宝,我很担心!"

谈话主题由孩子变成了父母,减少命令语气,通过"我句式"表达了自己的感受后,同时也传递了爱的信息,对孩子的情绪有安抚作用。

果果:"你担心什么?"
我:"我担心你的安全啊?"
果果:"为什么担心?"
我:"还记得吗?之前因为你不坐安全座椅,发生过危险,所以妈妈会担心,如果你这次没有坐安全座椅又受伤了怎么办？妈妈如遇紧急刹车，你很容易会撞到头或者受伤，这如果你受伤了，我会很难过，因为，我很爱你，你如果受伤了，我会特别的心疼和害怕！"

纠正之前先联结，确保把爱的信息传递给了孩子，从而可以赢得孩子更好的合作。

果果听了，紧紧地拥抱并亲了我一下，然后愉快地坐上了安全座椅并说："妈妈，你帮我系安全带吧，我不会！"趁我俯身系安全带的时候，他又亲了我一下！

当我再送他上学的时候，他自己主动坐上了安全座椅，并愉快地问我："妈妈，你看我乖吗？自己坐上安全座椅了！"

我微笑着说："嗯！我看到你主动坐上去了，你懂得为自己的安全负责任了！有进步！"

在这里，我没有用简单的"乖"来表扬孩子，而是用了具体的示例：孩子主动坐上去作为切入点，我运用鼓励的方式，看到的是孩子的进步。我们都知道，鼓励可以让孩子更有内在力量，而表扬会让孩子迷失自我。鼓励孩子，可以让孩子有更持久的内在动力。他会渐渐明白：这件事情我是为自己而做的。

孩子长大了有主见是很正常的事情，父母需要重视孩子的主见，不能因为孩子反抗而大发雷霆，用强迫或者责骂来打压孩子，让孩子服从自己的安排。这样只是图一时之快，并不能从根本上解决孩子的问题。学会情绪控制，学会沟通，不仅是孩子的功课，更是父母的功课。

很多时候，我们总想赢了孩子，当孩子跟我们说"No"时，我们想的是怎么尽快让他答应我们说"Yes"。为了证明我们是可以控制孩子的，甚至不惜动用"武力"。也许表面上，我们赢了孩子，但实际上，我们恰恰输给了"孩子"。

作为父母，当孩子跟我们说"No"时，我们先停一停，不要着急行使"父母"的权利，而是先分析孩子为什么不配合，去理解孩子不配合内心深处的深层需要是什么？

《非暴力沟通》的作者马歇尔曾说过："人们做或不做某件事情，都是为了满足某种需要。"只有了解孩子不愿意合作的深层需求是什么，才能和孩子建立内在的情感联结。

指点迷津

很多时候，父母以为沟通的目的是"让孩子听我的"，事实上，是和孩子建立心与心的联结，只有先建立联结，然后才有可能赢得合作，进而才能纠正错误和解决问题。

第二节

打完孩子又后悔，恢复关系的 4R 帮你修复亲子关系

案例

记得几年前，在我的一次父母沙龙上，我与许多父母讨论到一个常见但是争议很大的问题，那就是，该不该用"武力"来管教孩子。讨论过程中，一位孩子的父亲站起来坚定地说："古人云：棍棒底下出孝子，不打不成才，孩子犯了错误，你不打不骂是不行的。"

随着社会的进步，父母们希望能以更加温和、科学的方式养育孩子。站在一个普通父母的角度，我特别能理解这个父亲的心情，有时候，面对孩子的执拗、对抗，我也抓狂得不得了。但是，冷静下来，我们仔细想想，惩罚和打骂孩子就真的能解决问题吗？如果看起来解决问题了，那么，请想一想问题是真正解决了，还是被隐藏得更深了？您和孩子的关系有什么变化吗？

1. 为什么有的父母会选择打骂惩罚的方式来教育孩子

很多进入我课堂的父母告诉我，在学习之前，他们也认为孩子的教育离不开打骂、惩罚和奖励，有错该罚、做好该奖，应该赏罚分明的。但是，到了青春期，发现不行了：打，孩子可能和你对打；骂，孩子把房门关上不理你；惩罚，更不管用。甚至，有些父母发现亲子关系非常僵持，已经没有办法好好沟通了。那么，父母为什么会选择打骂惩罚的方式来教育孩子呢？仔细分析，大概有以下原因：

（1）这些父母的心理状态。

赞同这种想法的父母认为"我是为了孩子好"。抱持这样想法的父母会有一种感觉：如果我没有严厉管教我的孩子，那么我就是不负责的父母，为了表示我对孩子是负责的，打骂孩子就是教育手段。

（2）家庭创伤的代际传递。

有的父母，在自己童年成长的过程中遭受过自己父母的打骂惩罚，这种经历可能变成一种创伤体验。但是，为了防御痛苦，当年那个小孩子选择了向攻击者认同，对父母的打骂行为进行了合理化："父母打我是为我好，这是爱的表达。"这样的孩子长大成为父母之后，他们会认同自己父母的方式来对待自己的孩子，所以，打骂惩罚孩子在这样的家庭中代际传递下来。

（3）父母自身情绪的失控。

作为父母，我们有多少次打完孩子之后是懊恼和后悔的？又有多少次打骂孩子是情绪平和的？大多数父母打骂孩子，都是发生在情绪失控的时候。所以，我们必须承认，不是孩子的错误大到让我们非打骂孩子不可，而是我们自己的情绪失控了。如果说孩子真的犯了错误，那么，我们用打骂的方式来应对这个错误就可以理解为

"用一个错误应对另一个错误"。

（4）面对孩子的挑战，父母感到无力和无能。

我们在为人父母之前，没有经过"岗前培训"，不知道如何教导我们面对孩子大大小小的各类问题和挑战。有些父母会在养育孩子前进行学习，比如"80后"的父母大多数会通过看书来自我学习育儿知识，但还有一些父母依循本能的方式来养育孩子。

2. 打骂惩罚究竟会带给孩子们什么呢

在简·尼尔森的《正面管教》中提到，打骂惩罚会给孩子造成四个R，即怨恨（Revenge）、报复（Resentment）、叛逆（Rebellion）、退缩（Retreat）。

孩子的感受力是非常强的，他们根据自己的感受来看待自己、他人和世界，当父母借着"为你好"的名义去打骂惩罚孩子的时候，孩子感受到的是身体上的疼痛难受和心理上的伤心、失望、恐惧和痛苦，而这样的痛苦感受又是来自最亲、最信任，也最该给自己提供保护的父母。这个时候，孩子受到的打击是巨大的，甚至可能造成心灵上的巨大创伤。有的孩子到了青春期，会以各种看似叛逆的方式来对抗父母，如果对抗无效，可能会转为报复父母。

有的孩子会把攻击和报复压抑到潜意识中，表面看起来乖乖的、不顶嘴、不反抗，但是，孩子做事总拖拉、学习成绩怎么都上不去，或者身体总会出现这样那样的疾病，或者父母越在乎哪方面，孩子哪方面就越出状况。孩子自己在意识层面也想做好，但就是状况百出。

还有的孩子会选择向攻击者认同，于是，孩子也会用暴力的方式去对待他人。比如欺凌比自己更弱小的孩子等。

3. 如果失控打骂了孩子怎么办

作为普通人的我们，难免会有情绪失控，对孩子破口大骂甚至动手揍孩子的时候，每次事后内心都是一阵阵的后悔和内疚。那么，父母应该如何向孩子道歉并修复关系呢？这里可以用到"纠正错误的四个R"（见下图）。

纠正错误的四个R
帮助父母修复与孩子的关系

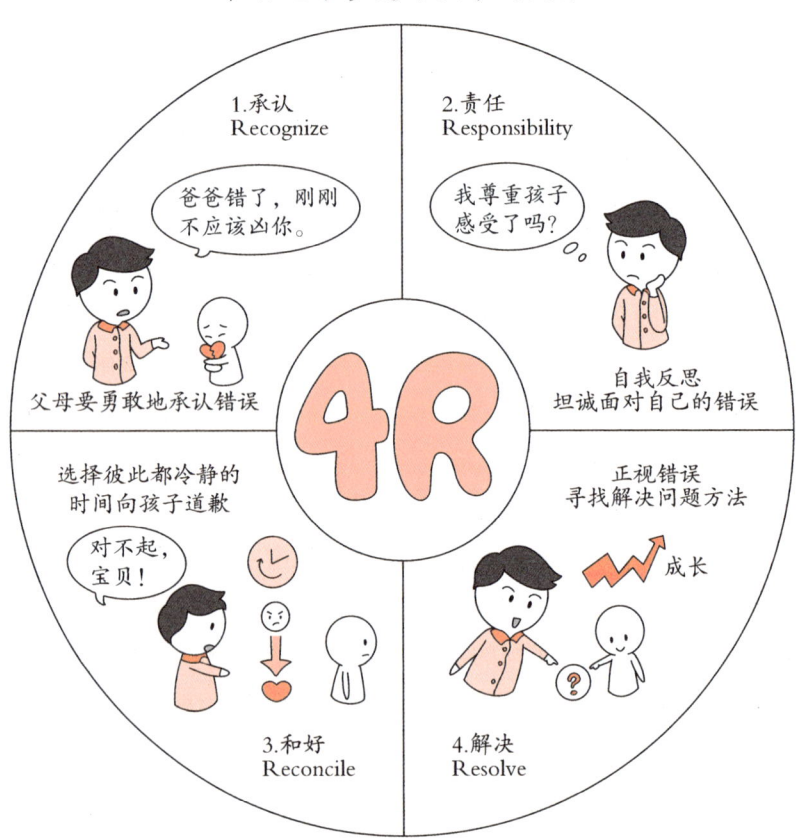

1. 承认 Recognize
   父母要勇敢地承认错误
   "爸爸错了，刚刚不应该凶你。"

2. 责任 Responsibility
   自我反思 坦诚面对自己的错误
   "我尊重孩子感受了吗？"

3. 和好 Reconcile
   选择彼此都冷静的时间向孩子道歉
   "对不起，宝贝！"

4. 解决 Resolve
   正视错误 寻找解决问题方法
   成长

1. 承认（Recognize）——父母要勇敢承认错误

我们意识到自己犯了错误，就要真诚地向孩子承认自己的错误，并且要避免加上"我是为了你好"这句话。有的父母承认错误的时候，对孩子说："我不该打你，但是我打你是为了你好……"这样说孩子会听不进去，会觉得你也喜欢狡辩。父母要有勇气坦然去承认这个错误，作出表率，不为自己的错误开脱。

2. 责任（Responsibility）——自我反思，坦诚面对自己的错误

没错，孩子也许真的是犯了一个严重的错误，可是，我们作为成年人打骂惩罚孩子也是犯了一个严重的错误，是因为我们自己的情绪失控才造成了行为的失控。

不论是什么原因，我们都必须坦诚面对这个事实——我们不能用一个错误去解决另一个错误。对待孩子的错误，我们可以选择更尊重、有效的方法来解决。

父母的真诚道歉，会帮助孩子在犯错误之后有勇气承担错误和责任。

3. 和好（Reconcile）——选择一个彼此都冷静的时间真诚地向孩子道歉

不要说太多的理由，选择一个彼此都冷静的时间，真诚地和孩子说一声："爸爸（妈妈）刚才情绪失控，打了你骂了你，我很抱

歉。对不起！"也不要问孩子能不能原谅你，只要你足够真诚，愿意真心承担自己错误的责任，孩子比我们想象得更加宽容。

如果孩子还是不能原谅你，那么也请尊重孩子此时的感受，我们没有权利在伤害了别人之后，说一声对不起就要求对方马上原谅我们把事情翻篇儿，所以，要允许孩子慢慢消化一下，孩子是会原谅父母的。

4. 解决（Resolve）——正视这个错误，找到解决问题的方法，并将这次错误变成一个成长学习的机会

我们要正视错误，和孩子一起挖掘错误中有价值的地方，在错误中学习，错误中改变。

为了避免下次犯同样的错误，产生同样糟糕的结果，父母可以跟孩子一起约定，比如设置一个"冷静角"，双方情绪失控时，可以提醒对方，去冷静一下，然后再和平、平等地去沟通、解决问题。

> **指点迷津**
>
> 孩子犯的错误，我们必须要管。错误与解决事情的方法要一分为二来看，不能混为一谈。

第三节

让孩子自己学会主动承担责任,而不是逼着孩子说"对不起"

我常常收到父母给我留言:我的孩子为什么犯了错误不愿意认错?甚至有时候还会撒谎掩盖错误?这让我想起我自己在教育孩子的过程中曾经也犯过一个错误。

在果果3岁的时候,我带着他和朋友的孩子一起在乡下农庄玩,吃过午饭之后,孩子们自由活动,在一旁的土堆上玩沙土。突然,一个4岁的小姑娘哇哇大哭起来,我们过去后发现,小姑娘的额头上鼓起一个成人大拇指指甲盖大小的包,还隐隐有些血迹。一询问,得知是果果拿着一根小木棍打在了小女孩的头上。小女孩的妈妈不仅心疼,还特别担心孩子因此而留下疤痕。

我也感到生气,当场要果果跟小女孩先说对不起。果果犟着说:"是她先打我的,为什么她不跟我道歉,我不说对不起。"并且哇哇大哭起来。我当时也气急了,告诉他:"你不道歉可以,那么你就失去了继续玩的资格,你就站在这里好好反思一下,直到你能够意识到自己的错误,并说对不起以后,你才可以继续玩。"孩子一边哭一边喊着不要,我也狠心任由他哭闹,果果被孤零零地晾在一边。过了一会儿,果果选择了妥协,跟小姑娘说了对不起。我看着孩子哭得脏兮兮的脸,内心很不是滋味。

也许很多父母也有过和我类似的经历,当孩子犯了错误,我们还没有来得及了解更多的情况,就先认定孩子犯了错误,让孩子道歉,逼孩子承认错误。

那么,面对孩子犯错,父母应该怎么做呢?

1. 不要用错误的方法去对待孩子的错误

可能有的父母会认同我的做法,觉得就是要让孩子认识到自己的错误。我当时的内心觉得自己的孩子把朋友的孩子伤了,面子上过不去,就希望孩子能尽快道个歉,显示出家教,然后再带朋友的孩子去医院看看,并承担医药费,这事就能尽快翻篇儿了。

但显然孩子并不是按我期望的这么想,他也觉得自己委屈,所以没有办法去想自己哪里错了,也不可能在觉得自己没有错的情况下去承认错误,并向对方真诚道歉。

这件事情之后,很长一段时间我都耿耿于怀,如果我用这样粗暴的方式让孩子意识到自己的错误,孩子真的能意识到吗?还是屈服于我的权威?

假如真的有用,孩子觉得自己错了,那么付出的代价是什么?孩子的内心是否会感到受伤?作为一个母亲,我深深质疑自己是否做错了。

其实,我的做法非但不能让孩子真正学会主动承认错误、承担责任，反而让孩子觉得犯错误是件羞耻的事情、会带来惩罚和羞辱。如果我一直以这样的态度对待他的错误，以后他再犯错误，只会选择掩盖错误，而不是承担错误。所以在孩子后面的错误中，我不再以这样的方式来处理。

当父母没有了解事情的全部过程，没有理解孩子犯错误背后的真实原因和心理动机，以及孩子的感受和需求时，孩子即使表面上迫于压力说了对不起，内心也是抗拒的，不能意识到自己的错误在哪里，下一次应该怎么做才是正确的。在这种情况下，孩子并不会如父母所希望的那样真正为自己的行为承担责任，并从错误中有所学习。

所以，如果父母希望孩子能够真正意识到自己的错误，就不要用错误的方式去对待孩子的错误。

2. 不要急于判断"对错"，给孩子表达的机会

在果果这几年的成长过程中，我也会有情绪失控的时候。每次我都真诚地向他道歉，并且告诉他："虽然你犯了错误，但是妈妈情绪失控责骂惩罚你，这是妈妈没有控制好自己的情绪，用了错误的方式来教育你，所以，妈妈跟你道歉。因为妈妈不能用一个错误应对另一个错误，而应该用正面管教的方式来和你一起解决问题。"

之后在果果和其他小朋友发生冲突时，我每次先了解事情的前因后果，共情感受，我会询问他："是的，对方这么做是不对的，你感到很生气。那么，我们可以怎么办呢？"往往他自己就会说："我不能以一个错误去应对他的错误，虽然他有

错在先，但是我也有错，我会跟他说对不起的。"并且，每次他也愿意为此承担自己应该承担的责任。

父母在发现孩子犯错误后，要先去了解事情的前因后果，共情孩子的感受，并给孩子一个表达的机会。当孩子能够冷静下来反思自己的行为，这个时候，孩子才会意识到，虽然自己的出发点也许并没有错，但是采用的方式是不恰当的。

同时，让孩子感觉到情绪安全也是非常重要的。如果孩子在犯错误之后，基于自我保护的本能，他们要做的是保护自己，所以孩子会为自己辩解、撒谎以试图掩盖自己的错误，因为一旦承认错误，面临的将是更多的痛苦。

但是，作为父母，我们要让孩子们知道，每个人都会犯错误，犯错误不等于自己就是一个坏孩子。

孩子在这样安全的氛围之下，才会拥有勇于承担错误的勇气，才能够坦然面对自己所犯的错误，并且从错误中吸取教训，以期下次可以做得不同。

果果进入新的学校以后，有时候会带一些漫画书到学校去，因为学校允许孩子们带课外书籍，只是不许在上课时间看。

有一次，他把漫画书借给同学看。不料，同学在上课时间偷看漫画书时被老师发现并把书没收了。下课后，他让同学主动找老师承认错误拿回漫画书，同学不敢，而是趁老师不在的时候偷偷把漫画书拿回来还给了他。

当果果知道书是未经老师同意拿回来的，便主动把书放回老师的桌上，然后当着老师的面向老师承认错误："老师，对不起，这本漫画书是我的，虽然我告诉同学上课不能看，但是，是我借给他看的，所以我错了。我保证如果再借书给同学看，一定督促他们不能上课看，如果他们再上课看，我一定不再借给他们看了。请您把书还给我，可以吗？"

在当面向老师承认错误，并勇敢承担自己这部分责任以后，果果顺利从老师那里拿回了书。

孩子回来告诉我这件事情以后，我对于他做得好的三个点给予了及时的鼓励：

一是勇于承担责任、勇敢承认错误，无论如何，把书借给同学，导致上课看书被没收，他是有一定责任的，他有勇气去向老师承认错误，这是值得肯定的；

二是诚实守信，同学未经老师同意把书拿回来，他能够诚实地放回去，虽然老师并不知道这件事情，但是，他这样诚实守信的行为是值得肯定的，最后得到老师的同意，把书拿回来，这是正确的选择；

三是善于沟通和解决问题，遇到了事情，并不急于推诿责任，而是积极主动去解决问题，并且在解决问题的过程中，也能做到良好沟通。

这件事情之后，他再借课外书给同学时便会叮嘱对方，正确看课外书的时间是下课时间，上课不可以看。

不久之后，又发生了另外一个同学上课看书导致果果的书被没收的情况。这一次，果果告诉同学："我不会再替你承担这个责任，你要不就自己去找老师承认错误把书拿回来，要不就赔我一本书吧。"

但是,同学既不愿意去找老师拿书,又拒绝赔偿书籍给果果。后来果果只好再一次找老师,老师答应第二天还给果果。当天晚上回家,果果和我聊起这件事情,我问果果:"有没有什么更好的办法解决这个问题?"

果果说:"首先,我不能每次都替别人去承担责任,如果每次他们借我的书,又不听我的劝非要上课看,被老师没收了自己又不去要回来,也不赔偿我的书,这就是让我替他们承担错误的后果,我觉得这对我是不公平的。所以,我想到的第一个办法就是那些会上课看课外书的同学,我就不把课外书借给他们了。"

如果他们一定要问我借书,我还想到一个办法,就是不知道这个办法会不会有问题?

我说:"你说说看?"

"每次他们问我借书的时候,我让他们交20元保证金,保证不会上课看书,保证书不会被没收,等他们看完书还给我了,我就把钱全部还给他们。如果我的书再被老师没收了,那他们就要拿这些钱来赔偿我的书。"

我说:"这个会不会和你们的校规有冲突?如果和你们学校的规矩没有冲突,也许你可以尝试一下看看。"

…………

这件事情,让我看到孩子勇于承担责任、有勇气承认错误的同时,也让我看到了他不会盲目去承担责任,能界限分明地把别人的责任恰当地还给别人,同时,能在错误中不断想办法解决问题,避免一而再再而三出现相同的错误。

指点迷津

不要用一个错误去惩罚另一个错误,这是很多父母需要注意的问题,父母需要身体力行地告诉孩子,如何面对错误、承担错误,并从错误中学习改进。当孩子建立了完整的面对错误的思想体系后,不仅能要求自己,还能正确对待别人的错误。

笔记栏

第四章

将"命令"变为"引导",换个沟通方式更有效

第一节

如何"有效拒绝"孩子,才不会对孩子造成伤害

最近,经常有父母和我交流关于孩子在特别想要某个东西的时候,会无视大人的劝阻与拒绝,为了达到自己的目的甚至会出现耍赖、躺在地上不起来的行为,以此来让父母同意自己的要求。父母很困惑,究竟要怎么和孩子沟通呢?

案例

有一次,我去幼儿园接果果放学回家。在幼儿园门口,有一个卖糖葫芦的阿姨在那里叫卖。果果看到了,非常想吃,带着渴望的眼神看着我说:"妈妈,我想吃糖葫芦。"

可是,之前幼儿园才向父母们发起劝告,希望我们不要给孩子买幼儿园门口路边摊的小食品,因为怕路边摊上的小食品卫生情况不达标,孩子们吃了会产生不良反应。

看着四周来往的车辆以及飞扬的尘土,没有任何包装的糖葫芦让我的内心无比纠结,一方面我其实不忍心拒绝孩子的请求,可是另一方面我又很担心孩子的健康状况。

第四章 将"命令"变为"引导",换个沟通方式更有效

1. 有效拒绝孩子,我做了这三步

如果我直接独断且霸道地拒绝孩子,那孩子可能就会以哭闹、赌气等方式来达到自己的目的。如果我以"吃了肚子里会长虫子""吃了牙齿会掉"等谎言来"吓唬"孩子,这样孩子可能以后再也不敢吃了,反而在他的心里留下了阴影。

那么,父母在面对孩子提出的要求时,如何有效拒绝孩子呢(见下页图)?

首先,我"共情"了孩子的感受,理解孩子想吃糖葫芦的想法,同时,我也向孩子诚实地表达了我的想法、感受和担忧。

> 我微笑着对孩子说:"这个糖葫芦看起来很好吃啊!"
> 果果点了点头:"嗯!"
> 我拉着果果的手,继续说:"这个糖葫芦酸酸甜甜的,正好是你最喜欢的味道了。"
> 果果高兴地看着我说:"是啊,我最喜欢吃酸酸甜甜的糖葫芦了!"
> 我也咽了咽口水,吧唧吧唧嘴巴说:"妈妈也都想吃了,你看我都流口水了呢。"
> 此时,果果更高兴了,以为我一定会买。于是拉着我往卖糖葫芦的阿姨那里走。兴奋地说:"妈妈,买两根,我们一起吃。"
> 我拉住果果,认真地看着果果的眼睛说:"可是,妈妈很担心路边摊食品的卫生情况,黄园长也劝告过,为了小朋友们的健康,不能给小朋友买幼儿园门口的小零食呢!"
> 果果眼里的期盼瞬间变成了失望:"妈妈,可是我真的很想吃!"

有效拒绝孩子，我做了这三步

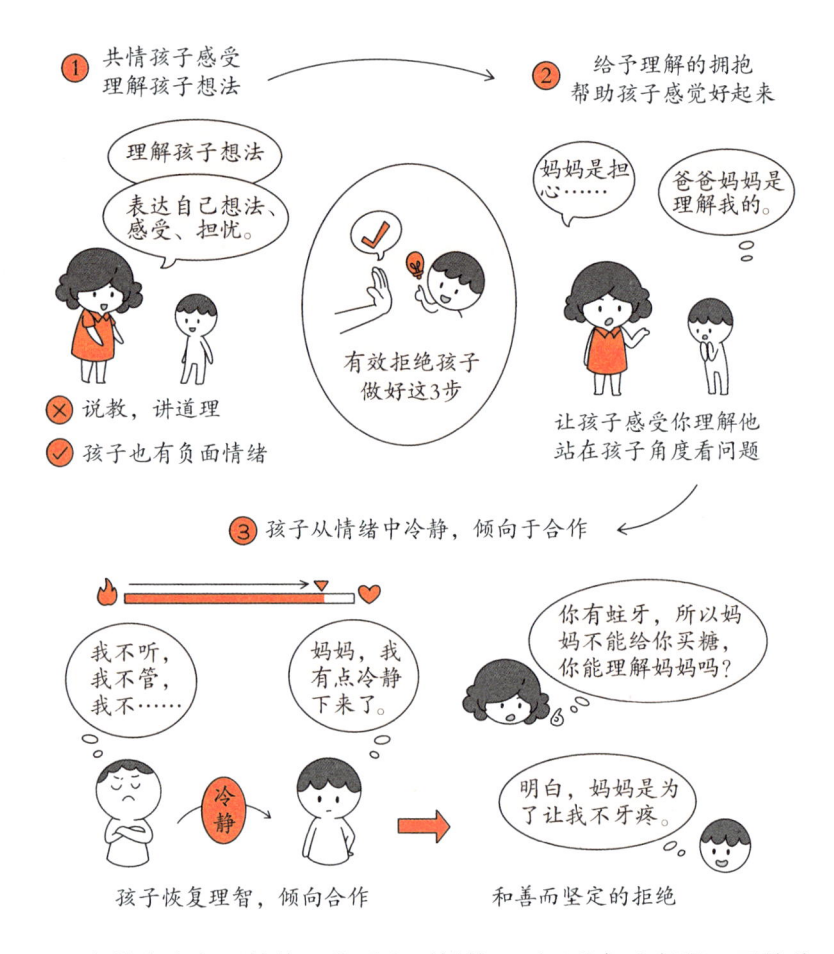

① 共情孩子感受，理解孩子想法

- 理解孩子想法
- 表达自己想法、感受、担忧。

✗ 说教，讲道理
✓ 孩子也有负面情绪

有效拒绝孩子做好这3步

② 给予理解的拥抱，帮助孩子感觉好起来

- 妈妈是担心……
- 爸爸妈妈是理解我的。

让孩子感受你理解他，站在孩子角度看问题

③ 孩子从情绪中冷静，倾向于合作

- 我不听，我不管，我不……
- 妈妈，我有点冷静下来了。

冷静

孩子恢复理智，倾向合作

- 你有蛀牙，所以妈妈不能给你买糖，你能理解妈妈吗？
- 明白，妈妈是为了让我不牙疼。

和善而坚定的拒绝

人总会有负面情绪，孩子也不例外。而且我们也倡导，要给孩子体验负面情绪的权利。

父母要做的不是说"我理解你"这些听起来很"对"的话，而是让孩子体验到父母理解他，即使他现在处在负面情绪中，他依旧是被父母接纳、爱和认可的。这个时候，父母不要说教，可以让孩子先发泄一会儿。

有些孩子一旦觉察到父母开始说教，会爆发出更多的负面情绪，会和父母发生冲突；有些孩子会选择假装听不见，来逃避让自己不舒服的环境；更有甚者，会完全隔离自己的感受。

如果这样的情形重复发生，会变成一种习惯。习惯于隔离自己感受的孩子，会变得冷漠，对自己和对别人的情绪反应都失去感受。而被"讲道理"教育大的孩子，长大后可能会变成讨好型的人，也可能会变得特别喜欢反驳别人，不管多么中肯的道理，他总能找出其中的漏洞和别人理论。而他们的潜台词，其实只是那个小时候在心底环绕了很久却没能发出的声音："你不能制服我"。因此，当孩子有负面情绪时，父母一旦开始讲道理，无意中就已切断了与孩子联结的桥梁。

其次，当孩子感觉不太好的时候，我给予理解的"拥抱"，帮助孩子"感觉好起来"。

于是，我把双手伸向果果说："妈妈知道，不能吃糖葫芦你一定觉得很失望，可是，妈妈也很担心万一吃了不卫生的东西，你拉肚子怎么办呢？所以妈妈不能给你买糖葫芦，如果你觉得有点难过，那妈妈抱抱你，会不会让你感觉好一点？"

果果依偎进我的怀里，看着糖葫芦大约十几秒钟，然后说："妈妈，我们回去吧？"

于是，我站起来，拉着他的手准备回家。

"拒绝"原本就容易引起被拒绝者的负面情绪。孩子们的世界是非黑即白。对他而言，他提出需求，父母拒绝了他，他的小脑袋瓜就只剩下：是不是爸爸妈妈不爱我了这一种解释。

思想家、教育家卢梭曾说过，世上最没用的三种教育方法就是：讲道理、发脾气、刻意感动。许多父母已经知道，打骂只是当下有效，长期靠打骂来教育孩子，不利于孩子独立人格和情商的发展。

共情不是告诉孩子"我理解你"，而是让孩子感受到"你理解他"。我们需要抛开大人的视角，从孩子的角度看待问题。

比如早上出门的时候，父母很容易因为孩子的动作缓慢而生气。但从孩子的视角来看，他早上出门是先穿鞋子还是先戴帽子，不是大人眼里的小事情，而是他要建立和维持的"秩序感"，因为这种秩序感让他感受到独立性，也会让他通过感知这个世界的可控制性，在向外探索的过程中有更多的安全感和自信。

最后，当孩子感觉慢慢变好之后，他才能恢复理智并倾向于合作。

回家的路上，果果突然开心地对我说："妈妈，要是我能发明一种机器，可以做出又好吃又卫生的糖葫芦就好了！"

我也愉快地回应他："好啊，等你发明出来，做出来糖葫芦，妈妈第一个吃！"

"嗯，我还要给我们全班的小朋友们吃，让他们都可以吃到又好吃又卫生的糖葫芦……"落日的余晖照在果果兴奋的小脸上，丝毫看不出来没有吃到那串糖葫芦给他留下的不快乐。

孩子考虑问题的角度和成年人考虑问题的角度是完全不同的，成年人不能理解孩子的想法和感受时，也就不明白孩子的行为，会觉得孩子的行为是无理取闹的。所以父母要学会共情，赢得孩子的合作，这样亲子关系就会和谐很多。

2. 学会和孩子共情，让他更有安全感

共情与同情不同，后者让双方产生距离，处于不对等的位置，前者则是让双方紧密联系在一起，处于同等的位置。父母与孩子因为身份天然的不同，很容易陷入高高在上的同情而不是平等的共情，这一点一定要注意避免。

（1）真正的共情孩子，而不是为了面子。

之前有位读者和我分享过一个故事：一个孩子在上英语课的时候，因为害羞腼腆，在陌生的环境哭了。他的同学不高兴了，说："我们是来学英语的，不是来听小孩哭的。"老师制止了孩子们的指责，并告诉孩子们要互相关爱。老师把这个情况告诉了孩子的父母，父母的第一反应却是对孩子进行呵斥："你知道你这么哭有多丢人吗？你怎么能哭呢？你不能哭了！"

在父母的训斥下，孩子不敢哭了，不情愿地再次走进教室。

父母正确的方法应该是心疼自己的孩子，因为孩子的"难过"大于"是否丢人"。所以父母应该是关心孩子的感受，站在他的角度来想，为什么孩子会哭？是因为陌生的环境，父母不在身边而感到害怕吗？还是有其他原因呢？如果不站在孩子的角度上来想，只会把孩子越推越远。

（2）不要急于对某件事下判断，而是要学会倾听。

有些父母在跟孩子沟通时，容易陷入"妄下判断"的陷阱，用父母的思维来定性某件事。这种沟通方式，其实并不合适。你以为

自己在沟通，孩子却觉得你在教训他、责怪他。让我们先看看下面这几句话：

"你这么不听话，爸爸妈妈就不喜欢你了。"

"我这都是为你好，不要等我不愿意管你了，你才知道后悔。"

"你以为我愿意管你？只有父母才会这么真心真意对你，别人才不会这样对你呢……"

上述的这几种说法，错在把沟通失败的原因全部推给孩子，父母回避了自己的责任；错在把"沟通"与"听话"对等起来，沟通是双向的，不是孩子非要听你的话、按照你的想法去生活。

再来看看这组对话：

"今天上学学什么啦？"

"今天学了画画，班上同学说……"

"哇，宝宝真厉害，给我看看你画的画吧。"

这组对话很常见，父母自以为回应了孩子的需求，但其实在孩子想说话的时候却打断她。孩子也有倾诉欲，而且这不是工作或者学习，只是和父母闲聊，所以会天马行空地聊很多，但有的时候父母只想听重点。

（3）共情只是共情，而不是"灭火"的工具。

共情，是父母将自己代入孩子的视角，理解孩子此时此刻在这件事情上的感受，而不是此时此刻的父母在这件事情上的经历或者感受。"共情"的目的是父母在接纳孩子情绪的基础上,为他们的情绪找到出口,而不是简单地把共情当作灭火器,以能不能缩短孩子哭闹的时间来衡量共情的成败。

"共情"需要我们真心感受孩子的情绪,而不是仅仅将其当作一种"手段",一边想着孩子什么时候能停止哭闹,一边强迫自己进行虚假共情。当我们带着"让孩子尽快停止哭闹"的功利心,希望通过几句简简单单的情绪描述来熄灭孩子的负面情绪是不现实的。因为那不是真的共情,反而会把孩子越推越远。

父母们首先要明白,哭闹是一种流动的情绪,就和河流一样,不是凝固的,它会来也会走,父母的接纳是引流,并不是"堵"。当明白了这一点后,再遇到孩子哭闹,父母才能更加淡定地用陪伴作为回应,待孩子的情绪宣泄完之后,再来分析原因和寻求解决办法。

所以,共情仅仅是解决问题的第一步。当孩子的情绪得到接纳之后,我们要引导孩子进入相对理性的说理环节。

指点迷津

很多时候,我们总是以为孩子"不听话",其实,是大人不懂孩子。

如果父母强硬地拒绝孩子的要求,并且否定孩子的情绪感受,孩子才会产生更多的情绪。但是如果孩子的情绪被父母理解了,父母能够共情孩子的感受,孩子是可以接受父母的拒绝的,并不会因为父母的拒绝而感到伤心。

第二节

日常行为计划表，让孩子做事从"被动"变为"主动"

> **案例**
>
> 某日，我接到了小女孩璇璇的妈妈的求助。原来，她最近因为璇璇总是做事拖拉、不按计划执行、与自己顶撞等行为而困扰。璇璇的妈妈向我倾诉道："璇璇现在已经五年级了，但做事总是拖拖拉拉，做作业每天都要磨蹭到很晚，怎么催都没有用。我给她做了时间安排计划表，她也不愿意遵照执行，一点自觉、自律性都没有。"

1. 孩子为什么总是反抗你制订的计划

在我的印象中，璇璇一直是一个安静、聪明且细心的孩子，为何这一次会如此反常呢？在征得璇璇妈妈的同意下，我与璇璇进行了一次贴心的交谈。

我："璇璇现在不喜欢妈妈吗？为什么总是与妈妈吵架呢？"

第四章 将"命令"变为"引导",换个沟通方式更有效

璇璇:"我喜欢妈妈,但是我不喜欢妈妈老让我执行计划表上的内容,不执行她就骂我,我讨厌!"

我:"你不喜欢妈妈做的时间计划表,也不喜欢妈妈逼着你按计划表上的内容执行,对吗?"

璇璇:"是的。"

我:"那咱们今天重新制作一个日常行为计划表好不好?这个表和妈妈没有什么关系,这是属于你自己的计划表,你自己来决定做什么,什么时间去做。你愿意试试吗?"

璇璇:"不愿意,因为妈妈会看的,看完她就会让我每天按照上面的去做。"

我:"OK,那我们今天先不做。"

璇璇:"以后也不做。"

"这个,以后再说。"我微笑着保留意见。然后,我又与孩子交谈了一些其他的话题,孩子也越来越放松。后来,孩子调皮地告诉我,有时候她是故意要让妈妈生气。我也调皮地问她:"那我猜猜看,最能让你妈妈生气的是不是你做作业拖拉?"孩子听了眼睛一亮,带着做坏事成功后的坏笑用力点点头:"是的是的,我拖拉,妈妈肯定会生气。妈妈生气的样子才搞笑呢!"

至此,我很快就明白他们母女之间产生矛盾的点——孩子通过这样的方式想要寻求自己的自主权。在璇璇拖拉、不自律的背后,有一些妈妈没有看到的心理动力在驱使,其中一个很重要的原因是孩子通过这种被动攻击的方式来报复妈妈。

因为妈妈不恰当的干涉方式,让孩子的内心充满了愤怒和不满。

可是，孩子没办法反抗，也不知道如何表达自己内心的不满情绪。因此，只能表面服从，然后通过做事拖拉、敷衍、不自律等方式来让妈妈生气、愤怒。

个体心理学之父阿尔弗雷德·阿德勒的学生鲁道夫·德雷克斯认为：行为不当的孩子是在追求归属感、价值感的过程中遇到挫折而发展出四种错误目的的孩子。其中，寻求报复是第三种错误目的，当孩子在和父母的互动过程中感觉自己受伤了，那么他也要让对方难过。抱着这种错误目的的孩子的拖拉行为往往让父母觉得"越催越慢，再催熄火"。

对于有的孩子来说，拖拉还有一个原因是，本该属于孩子的事情变成了父母的事情（如果孩子是由长辈帮助照顾，有的长辈会溺爱，就会让本该属于孩子的事情变成了长辈的事情）。既然是父母的事情，孩子自然就不用担心，也就不紧不慢了。所以，父母对孩子的事情越着急，孩子自己就越不着急。

父母过多的干涉不仅剥夺了孩子的自主权，同时，也让责任发生了转移，久而久之，孩子离父母也就越来越远。"自律"一词出自《左传》，是指无须旁人监督，自己要求自己，自觉遵循一定的公序良俗或道德规律，自觉约束自己的言行。自律，是指一个人对自己的要求，所以，孩子的学习、日常安排，孩子可以根据自己的情况、学校的要求、自己的需求、家庭生活规律等做出适合自己的安排和计划，并有权利根据需要做调整。一旦父母对孩子的学习和生活约束太多、管得太细，自律行为就会变成一种他律约束，长此以往，对孩子自律性的培养是非常不利的，孩子不是反抗就是产生依赖性。

对于年龄小的孩子，他们的拖拉有时候是对时间没有概念。还有的孩子是不知道接下来该做什么，所以就会安然若素地待在当下，慢慢地做自己手上的事情，甚至借由手上的事情玩出各种有趣的花样来：比如有的孩子洗脸，洗着洗着就开始玩手中的毛巾。还有的孩子存在注意力缺陷，做事情无法专心、专注，经常被其他事情转移注意力，这也可能导致孩子完成一件事情的难度加大，所需要的时间更多，尤其是在完成学习任务时，可能会更加困难。

2. 如何帮助孩子克服拖拉

（1）对于基于"报复"目的的被动攻击式拖拉的孩子，父母首先要做的事情是找孩子开诚布公地谈一次，重新修复关系。

通常，这类孩子在小学高年级比较常见，他们内心渴望父母能够平等地对待、尊重他们。当孩子内心的委屈、情感上的伤害被看见，并且得到父母真诚的道歉时，孩子通常会宽容地选择原谅，内心被压抑的愤怒也会消退，也不会再使用被动攻击的方式在潜意识中悄悄"报复"了。这为解决下一步的问题奠定了基础。

（2）对于自主权被剥夺而不主动承担责任的孩子，父母就必须真正学会放手和信任孩子，把属于孩子的自主权和责任同时交还给孩子。

自律是建立在足够的自尊自信基础上的，如果想要孩子真正学会自律，父母不能总是督促提醒孩子，这无形中是在向孩子传递一个信息："我不相信你有能力做到，所以我要监督你、提醒你。"孩子接收到这个信息后，自然也会怀疑自己，对自己也不会有足够的自信。而一个总是需要被监督的孩子，是没有办法发展出足够自尊的。没有足够自尊、自信的孩子，谈何自律呢？

（3）对于年龄小、没有时间概念、不知道自己做完手上的事情后接下来该做什么的孩子，父母可以帮助孩子做一个"日常行为计划表"，用日常行为计划表来教孩子合理安排他的学习与生活。

3. 和孩子一起制作日常行为计划表

壮壮进入小学以后，每天放学后的状态和在幼儿园一样，只顾着玩，干什么都比做作业有吸引力。壮壮妈妈想尽方法都没有用，在父母课堂上学习了"日常行为计划表"之后，决定回家试一试。

妈妈："妈妈和你一起做一个从放学以后到睡觉前的日常行为计划表，我们试试把时间安排好后，能不能安排出玩的时间，可以吗？"

壮壮："好的。"

妈妈："那壮壮你想想，你每天放学回家以后到睡觉之前，都要做哪些事情？妈妈帮你记录下来。"

壮壮："做作业、吃晚餐、洗漱、睡觉……还有看电视、看书、玩玩具、散步。"

妈妈："妈妈还想到一个，你晚上睡觉前是不是还要和爸爸妈妈分别有特殊时光呀？那接下来，按你喜欢的顺序把晚上要做的事情排序吧，你想先做什么，再做什么？"

壮壮按自己喜欢的顺序排了序：①喝水；②吃点心；③玩一会儿玩具；④做作业（语文）；⑤吃晚餐；⑥和爸爸的特殊时光；⑦和妈妈的特殊时光；⑧做作业（数学）；⑨看电视……

第四章 将"命令"变为"引导",换个沟通方式更有效

妈妈:"嗯,这是按照你喜欢的顺序排了序对吗?那你是希望自己把这些事情按这个顺序画下来(写下来),还是你做每件事情的时候妈妈给你拍照片,然后把照片打印出来按这个顺序贴呢?"

壮壮:"我想自己画下来。"

壮壮自己画出了自己的日常行为计划表,然后妈妈让他贴在自己喜欢的地方,每天放学以后,壮壮可以按照自己的计划表来安排自己的学习和生活。

什么是日常行为计划表?所谓日常行为计划表,就是和孩子一起安排好他的作息时间,以文字和图片的形式确定下来,并坚决执行。那么如何制作日常行为计划表(见下页图)呢?

首先,父母带着孩子想出需要做的所有事情;其次,帮助孩子合理规划时间,确认每天在什么时间应该做什么事情;再次,帮助孩子拍下孩子做每件事的照片,提醒和鼓励孩子去做;最后,让孩子自己按照日常行为计划表进行活动。

制作日常行为计划表时,需要注意以下几点:

(1)给孩子更多的权利和自主权。

这是一个属于孩子自己的计划表,所以,整个过程都以孩子为主,父母只是从旁协助。

(2)制作日常行为计划表是培养孩子学习"如何安排和计划自己的学习生活"的技能的过程,所以,过程比结果更重要。

计划表做好之后,执行得好不好不重要,重要的是孩子在这个过程中慢慢学会了如何安排自己的事情。如果执行一段时间后,发现孩子执行得不好,父母可以随时做调整,不要为了让孩子按计划

表执行而去奖励或惩罚孩子。

（3）允许孩子把玩乐的时间清清楚楚地安排进去。

只要能够合理安排做作业和学习的时间，加快写作业的速度，提高学习效率，是可以把玩乐的时间安排进去的。

（4）尊重孩子的意愿和选择。父母可以"和孩子一起做日常计划表"，但一定不是"替孩子做"。

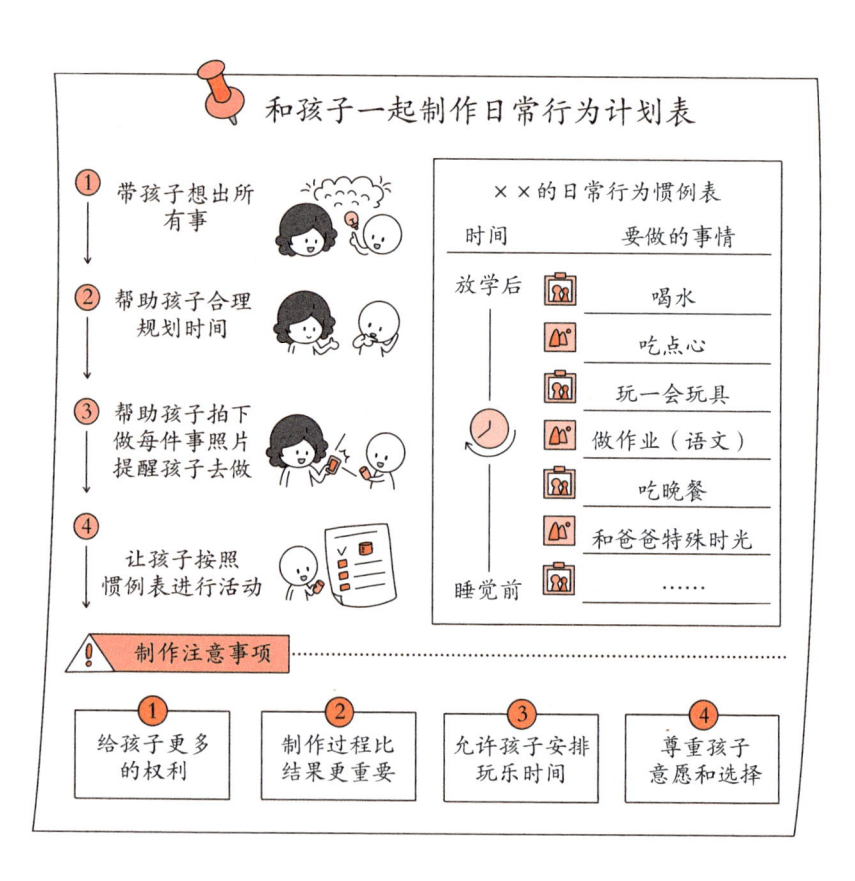

和孩子一起制作日常行为计划表

① 带孩子想出所有事

② 帮助孩子合理规划时间

③ 帮助孩子拍下做每件事照片提醒孩子去做

④ 让孩子按照惯例表进行活动

××的日常行为惯例表

时间	要做的事情
放学后	喝水
	吃点心
	玩一会玩具
	做作业（语文）
	吃晚餐
	和爸爸特殊时光
睡觉前	……

⚠ 制作注意事项

① 给孩子更多的权利
② 制作过程比结果更重要
③ 允许孩子安排玩乐时间
④ 尊重孩子意愿和选择

指点迷津

让孩子参与制作他们的日常行为计划表,会提高他们的归属感和价值感,也能够通过给予他们掌握自己生活权利的方式,减少和父母的"权利之争"。

第三节 课题分离，父母应该给孩子一些"空间"

案例

有一天，一位初三老师向我讲述了她的一位学生的故事。

她的学生是一个很聪明的孩子，成绩优异。可是从初二开始，孩子总是自己关起门来学习，爱看网络小说，所以初三开学的考试成绩很不理想，于是父母就提出陪着孩子学习，看看孩子到底是哪里出现了问题。

开学第一天晚上，孩子的妈妈和孩子谈了这个陪他学习的想法，孩子不同意，但是妈妈还是不肯放弃，于是坐在孩子的房间，一直熬到晚上十点，孩子就躺在自己床上，其间妈妈有给孩子讲道理，但是孩子就是不配合，而且说："你在这待多久，等下我就起来学习多久！"十点，妈妈说该睡觉了，回自己的房间了，孩子真的就不睡了，起来学习。

妈妈以前管孩子比较少，和孩子关系一直都挺好的。孩子养成了不喜欢被管束，经常看不起别人，觉得自己很聪明、无所不能，也不和其他人交往的毛病……

下面，我们从上面这个案例来看一下，妈妈与孩子之间究竟出现了什么问题，以及如何解决。

1. 你的孩子为什么讨厌你

"我们这么做，还不都是为了你好！""这是为了你的将来啊！"相信很多人在自己小时候，都听自己的父母说过类似的话。但是，在孩子听起来，"为你好"三个字背后隐藏着强迫、限制、失去自由。随着孩子身心的发展，自我意识也会不断发展。此时，他们需要父母给他们一些"空间"和自主选择权。而案例中的妈妈，则可能间接"压迫"了孩子的身心。

第一，妈妈强硬地坐在青春期孩子的房间，要求孩子必须听她的，而且持"不听，我就不走"的态度，可以看得出来，妈妈性格相对来说比较固执。而孩子的性格和妈妈如出一辙，两个相对"固执"的人在一起，并不能解决问题，反而会激化问题。

第二，妈妈以前很少管束孩子，孩子学习成绩很好，从这个角度来说，孩子本身也比较自律。而这类孩子的性格大部分都比较有主见。

第三，青春期的孩子本身就比较特殊，突然强制的管束更容易让孩子产生抗拒心理。

最后，"课题分离"很重要，人和人之间都应该有一个界限，老师和孩子的妈妈之间应该有，妈妈和孩子之间更应该有！

2. 课题分离，每个人都应该承担起自己的"课题"

每个人都有自己的人生课题需要面对和解决。课题分离，一是要区分清楚这件事究竟是谁的课题？是谁需要完成的课题？谁要为此负责？二是要做好属于自己界限之内的事情，比如安慰、理解、关心对方，但不要替他做决定，也不要为他承担后果和责任。

课题分离的最大好处，就是建立明确的边界意识，各自为自己的事情负责，不再为他人的问题而烦恼。

在这个案例中，妈妈犯了一个很多父母常见的错误——缺少边界意识，过度去干涉孩子的课题。

面对孩子不学习的情况，父母可以从旁协助解决问题，但是不能过多干涉或控制，父母可以告诉孩子："这是你的人生课题，选择怎么做，由你自己决定。爸爸妈妈不是不管你，你遇到问题时，可以向我们求助，我们会给你提供帮助，但是我们不会替你做决定，同样，任何后果也需要你自己承担，我们也没有办法帮你承担后果。"

这样，既把属于孩子的责任还给了孩子，让孩子学会自己做选择，自己承担责任和后果，又不会让孩子觉得父母冷冰冰、硬生生地把自己推出去。

指点迷津

一个人的自尊是来自内在的，尊严感不是来自别人怎么看自己，不是来自跟别人怎么比较，不是来自别人怎么对待自己，而是自己该做什么就做什么。当一个人有了独立完整的自尊体系的时候，他才会去做自己应该做的事。

第四节

从理解孩子沉迷电子产品的原因开始，找到戒除的办法

案例

现代社会科技高速发展，智能设备的使用也变得稀松平常，使用手机、平板的孩子的年纪也越来越小，路上佩戴电子手表、使用手机的学生比比皆是。但是对于孩子应不应该使用手机、多大才能使用手机、使用手机是否有时间限制，父母们都有不一样的考量。

国庆期间，我接到一位参加过我讲座的父母发来的信息："老师，我的孩子特别沉迷于玩手机，我担心会耽误学习，也担心孩子长时间玩手机会影响视力，或者在网络上接触不良信息而学坏。平时劝诫和监督，甚至会没收孩子的手机。但是孩子完全不理解我的苦心，甚至会因为我把手机没收而跟我发生争执，严重的时候甚至还说要离家出走，请问该怎么办？"

手机是现代社会人们重要的沟通交流和获取信息的工具。父母为了方便与孩子联系，方便孩子社交、学习、娱乐等，给孩子配备了智能手机。但因为孩子年龄太小，难以自控，导致孩子过度使用手机，出现了一系列问题。

但父母如果强行阻止孩子使用手机，则会引发一系列的亲子冲突。今天，我们就来分析一下手机有什么魔力吸引着孩子们，以及父母们如何做才能解决孩子沉迷玩手机的这一坏习惯。

1. 孩子沉迷手机的心理原因

现在孩子们沉迷手机等电子产品的心情和感受与你我当时沉迷小说、电脑的情况何其相似！所以，父母们可以回想自己还是孩子时的感受，与现在孩子们喜欢玩手机的心理作对比，就不难发现其背后的心理因素有以下几类。

（1）孩子在试图满足自己的玩耍、休息、连接、沟通等需求。

非暴力沟通理念认为，人类都有很多共通的需求，人做任何的事情都在试图满足自己的某些需求，而每个人的需求本身是没有任何问题的，是可以理解的。

孩子们也同样需要通过一些方式满足这些需求，智能手机正好满足了这些条件。

（2）孩子通过玩手机的方式回避和对抗负面情绪。

当孩子害怕某一事物或是向父母倾诉自己不开心时，有些父母会对孩子说："这有什么好害怕的？""小小年纪哪儿来那么多不开心？"等类似的话，这让孩子认为父母根本不理解自己，难以与父母沟通，进而拒绝与父母沟通，选择别的途径表达自己内心的情绪。

而手机方便的上网途径，很容易让孩子找到所谓的"同类"，他们会相互理解安慰，给孩子带来认同感。

（3）孩子和现实世界中大多数人（尤其是父母）的连接建立地不够好，所以才需要通过手机在虚拟世界中尝试和世界建立连接。

如果孩子在现实世界中很难建立良好的关系和连接，就容易去和"物"建立关系，并通过和"物"建立关系来寻求归属感和价值感，通过"物"去尝试和他自己内心的那个世界去建立关系和连接，比如小说、电脑、手机等。

（4）孩子生活单调，缺乏其他能够满足自己乐趣的方法和兴趣爱好。

建议父母们去发现并培养孩子的兴趣爱好，比如阅读、运动、科学探索等，孩子通过这些活动可以减少对手机的过度依赖。

（5）孩子的自我管理和自律性有关，孩子可能没有养成自我管理的良好习惯，对个人的学习、生活、玩耍没有良好的规划，或缺乏自律性。

孩子良好的习惯，是需要父母长期陪伴与引导的。爸爸妈妈，应该身体力行地教导孩子如何学会自我管理。

而学会自我管理，是一项长期且有益的事情，需要孩子与父母一同配合。

（6）家庭的因素。

父母下班回到家后是一直看手机呢？还是会看书呢？父母作为榜样的影响是非常重要的。还有一些父母，为了让孩子能够安静、不吵闹选择拿手机给孩子玩儿；为了避免孩子哭闹选择用手机来安抚孩子情绪或转移注意力；为了能安心工作选择让手机来陪伴孩子……

这些在当时看似解决了问题的行为,无形中也为后期孩子喜欢玩手机,甚至依赖上手机埋下了隐患。

2. 那产生问题以后,父母们应该如何解决问题呢

(1)先评估您的孩子目前究竟处于什么状态和阶段。

每个孩子生活环境、性格等情况不一样,因此应对方式也不能一概而论。对于孩子玩手机,父母也不必觉得就好像是"洪水猛兽"一样,孩子变坏不是一瞬间的事,而是一个长期而缓慢的日积月累的过程。所以,从孩子玩手机到孩子手机成瘾,通常会是一个漫长的过程,中间往往会经历几个阶段。下面我提供几个阶段的状态和表现供父母参考,了解孩子处于什么阶段后,可以更有针对性地解决孩子沉迷手机的问题(见下表)。

玩手机各阶段的状态分析情况对照表

阶段	状态	表现	☐
1	完全不接触	还没有接触到手机	☐
2	偶尔尝试性的玩或使用	一周或更长时间玩一次两次;每次时间在半小时以内,甚至更短的时间	☐
3	偶尔尝试性的玩或使用	偶尔玩;仅限于学习及社交联系;每次时间不超过一小时	☐
4	经常玩和使用	每天都玩、时间超过一小时;正常作息、学习、人际关系良好	☐

续表

阶段	状态	表现	□
5	造成问题的玩和使用	每天都玩、时间超过几小时；影响生活作息、学习及人际关系	□
6	手机成瘾	大部分社会功能受损、丧失；任何人都不能拿走手机	□

（2）在评估后，根据您孩子的不同状态采取相应的应对措施。

①如果孩子还小，没有或很少接触手机，那么您需要做的事情是尽量不要用手机引逗或安抚孩子。

②如果您的孩子开始尝试使用手机了，就可以跟孩子建立关于使用手机的规则和约定。

给孩子权利的同时，合理的约束和规则也是必要的，您可以和孩子就"如何合理使用手机"开一个家庭会议，或者和孩子进行一对一的沟通来共同讨论双方都能接受的使用手机的规则。讨论的内容应该包括：使用手机的具体时间、频率、时长、手机的保管方式以及父母是否需要从旁协助提醒等。

③从开始使用手机到产生问题的使用之前。

在这一时期，父母要跟孩子建立日常计划表，让孩子学会合理安排自己的学习、生活和娱乐时间，并形成习惯。切记不要今天觉得孩子表现好，就放任孩子多玩会，明天不高兴就另一个做法；在没有造成问题的使用之前，要信任和鼓励孩子可以对自己的行为负责，可以慢慢地形成自己的自律性；而不要过分地担心和焦虑，或者过分的监控和干涉。

若是孩子表现出情绪上的不高兴和不乐意,但还是停止玩手机,父母也应该予以积极反馈,对孩子的行为表示赞赏,例如:"尽管你很不愿意放下手机,但是你最后还是放下了手机,谢谢你愿意跟我合作。"而不要对孩子的努力视而不见,只盯着孩子做得不好的部分批评。

④如果孩子对手机已经是产生问题的玩和使用,影响到了日常生活和学习。

父母一定要找孩子认真谈谈这个问题。不建议父母一开始就和孩子沟通让其放下手机,可以先向孩子提出沟通要求:"你愿意跟我谈谈你的想法吗?"如果孩子拒绝,那么先尊重孩子的选择。父母可以说:"那好吧,等你想谈的时候,随时可以来找我。"如果孩子愿意谈,这个时候,父母需要用同理心倾听和共情孩子,了解孩子玩手机背后的需求是什么?

如果是为了满足某些内在的需求,父母可以和孩子一起寻找其他可以满足此类需求的策略来代替玩手机;如果是为了回避某些孩子无法面对的情绪或压力,那么父母可以共情孩子,帮助孩子理解自己的情绪、陪孩子一起面对压力和各种情绪。

⑤如果孩子对手机已经到了成瘾的程度。

这个时候,父母可以选择适合自己孩子的心理咨询师、治疗师或其他专业人员。选择心理咨询师时,父母需要注意,尽量选择更关注人和关系的心理咨询师。

在心理咨询过程中,父母、孩子和咨询师是共同努力、形成同盟的,而不是把孩子交给心理咨询师之后就完事了。所以,父母要积极配合,给予孩子行为和心理上的支持;不要把孩子送到某个封闭式的学校或集训中心,这个时候,孩子更需要家人的支

第四章 将"命令"变为"引导",换个沟通方式更有效

持和陪伴,没有良好的关系支持,孩子在任何机构都无法独立战胜成瘾行为。

到了这个阶段,父母一定要做好心理准备,慢慢来!

指点迷津

孩子沉迷手机的问题,每个父母都可能遇到。每个孩子不一样,同一个孩子在不同阶段的情况也不一样。父母可以结合自己孩子使用手机的时间情况,来作出判断,之后再选择适合自己孩子的方式来帮助孩子解决沉迷手机的问题。

第五节

九个好奇的问题，帮助孩子快乐与朋友相处

案例

在父母课堂上，洋洋妈妈跟我分享了一次洋洋在学校与同学发生冲突的故事。

有一天，洋洋放学刚刚到家，满腹委屈地跟妈妈说："妈妈，我要换同桌，我同桌太过分了，他今天又把我的书给撕坏了。"

以前，洋洋也因为各种各样的原因，在与同桌发生冲突后，向妈妈倾诉，找老师换座位。妈妈和老师也都希望洋洋能和周围的同学成为好朋友，但是，类似的问题还是常常会出现，妈妈为此特别着急和担心。

带着对这些问题的困惑，洋洋妈妈走进了父母课堂。在父母课堂中，她才知道，孩子遇到问题的时候，正是我们帮助孩子学习"解决问题"这项重要人生技能的最好时机。后来她通过学习，智慧地运用了"九个好奇的问题"（见下页图）来帮助孩子解决遇到的问题。

第四章 将"命令"变为"引导",换个沟通方式更有效

下面,我们来看看洋洋妈妈是怎么通过这九个问题和洋洋沟通,最终协助洋洋自己解决问题的。

九个好奇问题,帮助孩子快乐的与朋友相处

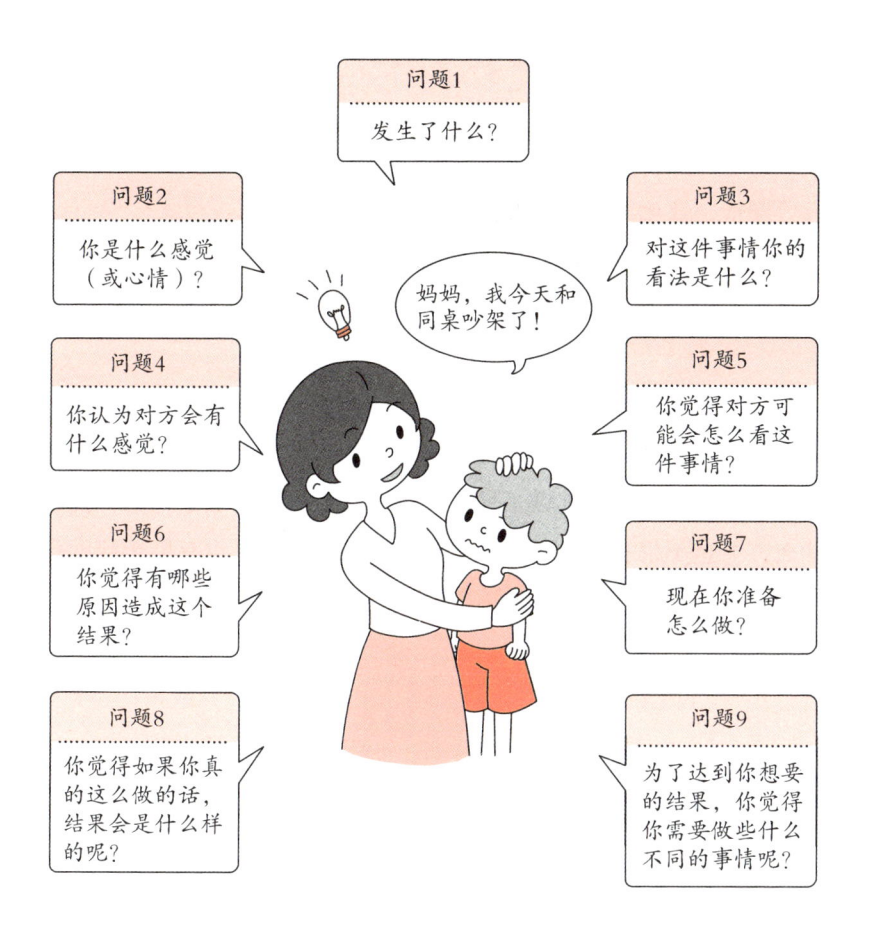

问题1
发生了什么?

问题2
你是什么感觉(或心情)?

问题3
对这件事情你的看法是什么?

妈妈,我今天和同桌吵架了!

问题4
你认为对方会有什么感觉?

问题5
你觉得对方可能会怎么看这件事情?

问题6
你觉得有哪些原因造成这个结果?

问题7
现在你准备怎么做?

问题8
你觉得如果你真的这么做的话,结果会是什么样的呢?

问题9
为了达到你想要的结果,你觉得你需要做些什么不同的事情呢?

1. "发生了什么？"

洋洋放学回家很生气地对妈妈说了那段话后，妈妈放下手头上的事，看着洋洋说："呦，看起来你很生气呀？来跟妈妈说说，发生了什么事？"

洋洋："我同桌晨晨，太过分了，今天又把我的书撕坏了，这已经是第二本书了。"

"哦，听起来好像是挺过分的，妈妈好奇究竟发生了什么事情，让他撕了你的书？"

"就是我在课间不小心把他的水杯碰掉了，水杯里的水洒了，我又不是故意的。"洋洋看起来好像还是很委屈的样子。

这个问题是帮助父母了解事情的基本情况，让父母了解在孩子眼中的事实是什么。所以，父母可以这样问孩子："当时是什么情况？发生了什么事？你做了什么？说了什么？对方做了什么？说了什么？"这不仅有助于父母了解当时发生了什么，也有助于帮助孩子重新回顾和梳理当时发生的事情。

2. "你是什么感觉（或心情）？"

"哦，你不是故意的。嗯，妈妈也相信你是不小心的。那水洒了以后，晨晨说了什么，做了什么，你说了什么，做了什么呢？"妈妈继续追问。

"他叫我跟他说对不起，我没有说，我都跟他说了我不是故意的。"洋洋理直气壮地说。

第四章 将"命令"变为"引导",换个沟通方式更有效

"哦,那当时你是什么心情和想法呢?"妈妈问。

洋洋说:"我很生气呀,我都跟他说了我不是故意的了。他就是不相信我!"

妈妈问:"你是不是还觉得有些委屈?因为,你真的是不小心碰掉了他的水杯,但是,你觉得他认为你是故意的,所以,你觉得挺委屈的,希望他能相信你,是吗?"

洋洋:"嗯,是啊,妈妈,你相信我不是故意的吗?"

这个问题让父母去关注孩子的情绪情感,也帮助孩子去觉察自己的情绪情感体验,并通过语言的方式加以表达,这个过程也是孩子左右脑整合的一个过程,渐渐帮助孩子把右脑的感性体验,通过言语的方式加以表达。所以,父母可以具体问孩子:"当发生这样的事情时,你是什么样的心情?""现在你有什么感觉(或心情)呢?"

3. "对这件事情你的看法是什么?"

妈妈问:"那你对于晨晨撕坏你的书,有什么想法呢?"

洋洋:"晨晨太坏了,怎么可以撕坏我的书呢。我希望他能给我道歉,然后帮我把书粘好。"

这个问题帮助父母了解孩子对事件发生所持的观点和看法,看看孩子的观点是否有偏差之处,是否需要父母的指导和引导。父母可以这样问:"对这件事你怎么看?你的想法是什么?"然后倾听孩子的想法,如果孩子的想法和父母的不同,此时,父母也不必急

着纠正，可以继续往下问问题。

4."你认为对方会有什么感觉？"

妈妈又问："晨晨撕坏你的书，希望他给你道歉，并且把撕坏的地方粘好。那你碰掉晨晨的水杯时，你觉得晨晨当时可能有什么样的感觉呢？"

洋洋："我觉得他也是生气的，他肯定生气了……"

如果父母在前面不急于给孩子讲道理，不急于纠正孩子的想法，让孩子充分表达自己的想法和看法，那么当孩子畅快地表达完之后，此时，父母可以引导孩子去共情他人，这也是培养孩子共情力和同理心的良好时机。所以，父母可以问："你觉得对方当时会有什么样的感受或心情呢？""你猜他现在会有什么样的心情？""你猜其他人会有什么感觉？"……

5."你觉得对方可能会怎么看这件事情？"

妈妈问洋洋："嗯，晨晨当时也挺生气，那你能猜到当时晨晨心里是怎么想的吗？"

洋洋摇摇头说："我不知道，我猜不到。"

这个问题进一步深入引导孩子理解他人的不同观点，润物细无声地教会孩子换位思考："你觉得他在这件事上会不会和你有不同的看法？""你觉得他怎么看待发生的这件事呢？"……

6."你觉得有哪些原因造成这个结果？"

"没关系，我们来想象一下，假如你是晨晨，你的水杯被别人碰掉了，你会有什么想法，你希望对方怎么做？"妈妈换了一种方式询问洋洋。

洋洋仔细想了想："我希望他把我的杯子捡起来，对我说对不起。"洋洋说到这里低下了头，又说："妈妈，我好像没有帮他把杯子捡起来，也没有说对不起，所以他才生气了。"

这个问题引导孩子去反思事情发生的原因，并且可以适当引导孩子学会承担自己该承担的责任，父母还可以这样问："你觉得是什么原因造成了现在这个局面？""你觉得你做了什么，导致现在的结果呢？""还有什么补充的吗？"……

7."现在你准备怎么做？"

"嗯，看来，你自己已经知道是什么原因造成这个结果了，那你接下来准备怎么做呢？"妈妈欣慰地看到孩子已经找到问题的原因所在了。

洋洋说："那我明天去跟他说对不起，然后我也要他跟我说对不起，因为他撕了我的书，那是我最喜欢的一本书。"

这个问题帮助父母了解孩子当下的决定，看看孩子对这件事情是否已经找到了好的解决方法？如果孩子已经找到了好的解决方法，那么说明孩子有解决这个问题的能力，父母自然不用担心，但是，如果孩子还没有找到好的解决方法，也没有关系，不用急着给孩子建议和意见，还可以继续引导孩子思考自己这个决定究竟合不合适。

8."你觉得如果你真的这么做的话，结果会是什么样的呢？"

"嗯，那你这么做的结果可能会是什么？"

洋洋想了想说："我跟他说对不起，也许他就不生气了，然后我让他跟我说对不起，让他帮我把书粘好。"

"那，这是你愿意看到的结果吗？"妈妈问。

洋洋点点头。

这个问题引导孩子了解自己的行为会带来的结果，帮助孩子学会思考自己的行为和决定可能会造成什么样的结果。孩子只有认识到自己的行为可能会带来什么样的结果，才会慢慢学会承担责任。

如果结果不是孩子想要的，父母可以多花一些时间帮助孩子梳理清楚自己想要的结果是什么，父母可以这样问孩子："显然，这不是你想要的结果，也不是爸爸妈妈想看到的结果，那么，你想要的结果是什么？""你觉得，结果是什么样子的，你会感到很高兴、很开心呢？"多次交流以后，你会发现，你的孩子会越来越清晰和明白自己想要什么，会变得更有主见。

9."为了达到你想要的结果,你觉得你需要做些什么不同的事情呢?"

妈妈又问洋洋:"那下一次再遇到类似的情况,你有什么不同的做法吗?"

洋洋:"下次,我会马上帮他把水杯捡起来,然后跟他说:'对不起,我不是故意的。'"

妈妈开心地抱了抱洋洋,并及时给予积极的鼓励:"洋洋真棒,在这件事情中,你能够及时意识到自己的错误,并勇敢承认错误,承担责任,而且,也学会了下一次如何更好地解决问题。你又进步了哦!"

到了这一步,问题通常已经迎刃而解了,在你的循循善诱之下,孩子可能已经找到了非常适合他的解决问题的办法了。并且,通过多次不断地引导,孩子慢慢就学会了这套解决问题的方法,以后遇到问题,他自己就会在内心这样一步一步询问自己,并最终自己解决。

指点迷津

父母教孩子解决问题时,要明白应该做到"授人以鱼,不如授人以渔"。孩子并非不愿意主动去解决问题,而是他们不懂得解决问题的方法。如果,父母在"问题"上替孩子做决定,就会让孩子产生依赖心理,缺乏解决问题的锻炼机会,独立思考的能力也会发展受阻。只有教会孩子解决问题的技能,才能有利于孩子的成长。

笔记栏

第五章

了解和接纳情绪，不做坏情绪的受控者

第一节

克制控制情绪不如学会与情绪做朋友

> **案例**
>
> 经常会有父母对我说:"您教的这些养育孩子的方法,都挺实用,就是控制情绪太难了!"还有的父母跟我说:"自从学习之后,我现在面对孩子的挑战是一忍再忍,可是上周,我实在忍无可忍了,还是大爆发了一次……"还有的父母对我说:"我越是忍着,就越是想发火,都快把自己憋疯了……"

在我的课堂中,有一堂课是关于情绪这个主题的。最早,我给它命名"情绪管理",即"这堂课,我们来学习如何管理自己的情绪。"可是后来,我觉得这么说总是不太对,因为情绪不是士兵、不是员工,怎么能说管理情绪呢?于是,我又把这堂课命名为"认知情绪",可是,仅仅是认识情绪,似乎也还不够。后来,在一次给部队官兵们教授情绪这个主题的课时,我灵光一闪把这个主题命名为"和情绪做朋友"。

为什么会有这样一个命名变化的过程呢?大多数人说到情绪,尤其是生气、愤怒这些能量比较强的情绪时,都会说"你要学会

第五章 了解和接纳情绪，不做坏情绪的受控者

控制情绪""你要管理好你的情绪。"情绪的管理和控制为什么这么难？在思考这个问题之前，我们先来了解和认识一下人类的情绪吧（见下图）。

认识情绪，才能和情绪做好朋友

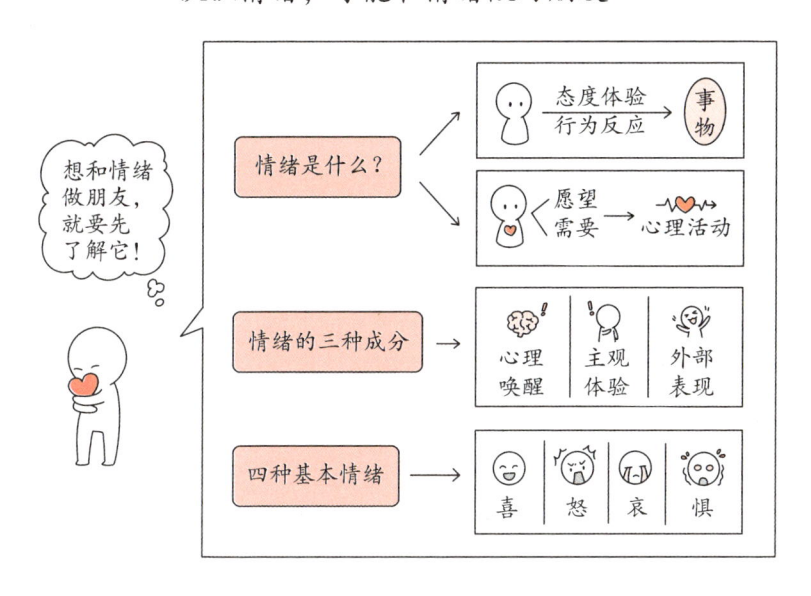

想和情绪做朋友，就要先了解它！

- 情绪是什么？
  - 态度体验 / 行为反应 → 事物
  - 愿望 / 需要 → 心理活动
- 情绪的三种成分 → 心理唤醒 / 主观体验 / 外部表现
- 四种基本情绪 → 喜、怒、哀、惧

情绪，是对一系列主观认知经验的统称，是人对客观事物的态度体验以及相应的行为反应，一般认为，情绪是以个体愿望和需要为中介的一种心理活动。

美国加利福尼亚大学旧金山分校心理学家保罗·艾克曼认为人类有四种基本情绪：喜、怒、哀、惧。而在这四个基本情绪的基础上，每一个情绪维度都有许许多多不同的词汇来描述相关的情绪。情绪具有独特的生理唤醒、主观体验和外部表现三种特性。符合主

体的需要和愿望，会引起积极的、肯定的情绪，相反就会引起消极的、否定的情绪。例如：

在"喜"的这个范畴内，我们可以找到很多描述类似情绪的感受词汇：高兴、开心、快乐、满足、欢喜、喜悦、得意、痛快、喜出望外、欣喜若狂、心满意足、喜气洋洋……

描述和"怒"这个情绪相关的感受词汇有：生气、自责、气愤、恼火、懊恼、恼怒、愤怒、暴跳如雷、怒气冲冲、怒发冲冠、火冒三丈……

描述和"哀"这个情绪有关的感受词汇有：难过、伤心、哀伤、悲伤、悲痛、痛苦、心痛、绝望、伤心欲绝、痛心疾首、黯然神伤、痛不欲生……

描述和"惧"这个情绪有关的感受词汇有：焦虑、担心、忐忑、不安、心慌、慌张、紧张、害怕、惧怕、恐慌、恐惧、恐怕、惊悚、惊吓……

还有一些复合词汇：内疚、后悔、无助……内疚和后悔可能还包含着焦虑、难过、自责等情绪，无助可能还包含着伤心、难过、担心、害怕等多种情绪……

这些感受词汇用来帮助我们描绘表达我们的情绪感受，但是，这些词汇并不等于情绪感受本身。人类本身的感受千变万化，非常丰富和细微。情绪是主观因素、环境因素、神经过程和内分泌过程相互作用的结果。

现在大家可以合上书，仔细体会一下，你现在有什么样的感受呢？

然后想一想，你觉得以上这些感受词汇，哪一些比较好（或者你比较喜欢）？哪一些比较不好（或者你比较不喜欢）？

你是不是认为和"喜"这个范畴有关的情绪感受你比较喜欢，你认为高兴、开心、快乐、满足、欢喜、喜悦、得意、痛快、喜出望外、欣喜若狂、心满意足、喜气洋洋……这些词汇比较好？剩下三类词汇都不太好，最好这些词汇在你的生活中都不要出现？

在我的课堂上，我发现大多数人刚开始也都是这么回答的，大家都认为每天开开心心多好啊！谁也不喜欢自己的生活里出现"怒、哀、惧"。但是，真的是这样吗？

你可以想象一下：一个人，每天都是高高兴兴、开开心心的，遇到啥事都没有其他的情绪感受，所以，当有人莫名其妙地到他面前打他两巴掌，他也不生气，仍然开开心心的……这样的人，通常大家会认为这是个什么样的人呢？可能有的人说："这个人是不是有点不太正常？"

所以，情绪没有好坏之分，每一种情绪的存在都有其重要的意义。

当我们真正认识和了解"情绪"之后，我们是不是会愿意和情绪做好朋友呢？

情绪也是一种能量，需要我们和它好好地相处。如果我们试图控制和压抑情绪，这样的能量就会一直积蓄在内心，终有一天，不是在沉默中爆发就是在沉默中灭亡。这里的"灭亡"指的是长期压抑自己的情绪，对自身造成伤害，最终引发各种身心疾病，严重的甚至可能会带来抑郁、癌症等危及生命的疾病。

指点迷津

　　人的感受，除了文中提到的情绪感受，还有我们的躯体感受，身体能够感觉到的冷、热、痒、痛、眩晕等都是我们皮肤和身体的感受，除此之外还包括我们眼睛能感觉到的光的明暗，我们耳朵能听到声音的响亮或轻柔，我们嘴巴和舌头能尝到的酸甜苦辣咸，我们鼻子能嗅到的各种味道等。

第二节

找到孩子情绪背后的核心需求，才能解决问题

> **案例**
>
> 有一天，我正在做一个关于情绪主题的网络直播课时，接到一位妈妈的求助，这位妈妈告诉我，她的家里正在进行一场情绪大战，缘由如下。
>
> 孩子校外补习班的老师跟孩子爸爸说："孩子最近的学习状态不太好，上次考试成绩也不理想。"爸爸回家后就质问孩子，孩子说："恐怕是老师弄错了吧。"孩子的爸爸特别生气，觉得孩子不思进取，要教训孩子。孩子一看父亲这样，也特别生气，觉得特别委屈，闹着要离家出走，妈妈好不容易拉住了孩子。妈妈像夹心饼干一样两边安抚他们，问我该怎么办？

1. 了解情绪背后的需求

我们先从理解情绪和情绪背后的需求的角度来看：

（1）孩子的情绪：孩子感到愤怒、委屈，可能还伴随着一些

伤心和难过的情绪。孩子的需求是什么呢？

孩子可能需要一些理解，也可能希望得到一些信任，关于学习状态这件事，孩子希望父母不是只听老师说。也可能孩子希望自己在学习上的努力被看见，得到认可，当然一定还有每个孩子都需要的爱和归属感、价值感等基本的心理需求。

（2）父亲的情绪：是愤怒的情绪。但是，很多时候，愤怒不是单独存在的，还伴随很多其他复杂的情绪。比如，担心孩子的学习，甚至引申到对孩子将来的担心；因为老师批评了孩子，孩子的父亲感到有些羞耻感；因为觉得自己没有教育好孩子，孩子父亲有些内疚；甚至还有一些无力感。

父亲的需求是什么呢？父亲是否需要价值感，希望自己在教育孩子这件事情上是有价值、有能力的？父亲是否也需要孩子的支持与合作？父亲是否也希望自己教育孩子的辛苦和努力被看见、被认可？

（3）妈妈的情绪：为这件事情着急上火。妈妈希望家庭成员间能够和谐相处，害怕孩子离家出走。所以妈妈的需求是希望能够尽快找到解决办法。

阿德勒认为，人的行为是有目的的，人做或不做某些事情都是为了达到一个"好"的目的。同样地，人的情绪有时候也是为了某个目的应运而生的，为了达到内心某个被意识到或不被意识到的目的，人可能会调动或利用自己的情绪。

那么在这个例子中，父亲的愤怒是期望通过"愤怒"的情绪来让孩子合作、认错，或者希望通过这个情绪达到让孩子乖乖听话、好好学习的目的。而孩子则希望通过愤怒、委屈的情绪让父亲看到自己也希望被理解、认可和信任。

第五章 了解和接纳情绪，不做坏情绪的受控者

2. 暂停情绪，用冷静的大脑来解决问题

但显然，这个情绪并没有达到双方想要的结果，反而引发了冲突和矛盾。作为第三方的妈妈为此也感到着急和为难。那么应该怎么办呢？这时就需要启动情绪的暂停模式，具体如下图所示。

启动情绪的暂停模式用冷静的大脑来解决问题

第一步
启用情绪暂停模式 → 让双方冷静，大脑回归理性

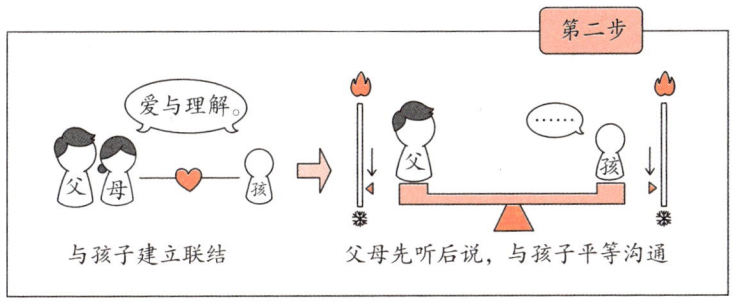

第二步
与孩子建立联结（爱与理解）→ 父母先听后说，与孩子平等沟通

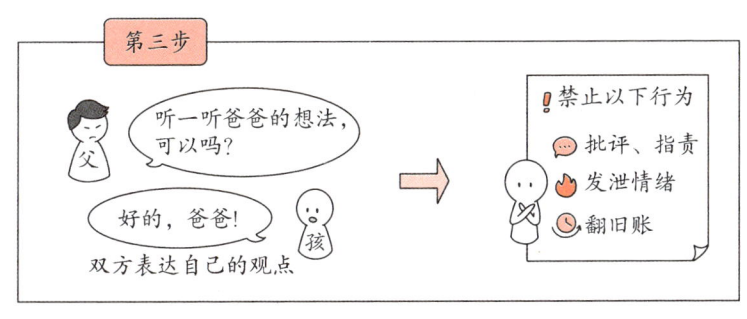

第三步
父："听一听爸爸的想法，可以吗？"
孩："好的，爸爸！"
双方表达自己的观点

禁止以下行为：
- 批评、指责
- 发泄情绪
- 翻旧账

（1）启动情绪的暂停模式。

情绪的暂停模式是让产生了情绪的双方进行隔离，避免直接接触，让双方都冷静下来，避免父子双方在激烈情绪下解决问题。

被强烈情绪支配的人在情绪下，启动的是原始动物脑，理性脑无法正常工作，而解决问题必须要能够思考的理性脑参与。所以，与其在失控的情绪下急于解决问题，倒不如先等一等，给彼此一些冷静的时间，等原始动物脑暂停使用，理性脑开始工作后，再来解决问题。

（2）与孩子建立联结。

等双方都冷静之后，可以找个时间就这个问题谈一谈。这个谈一谈，不是以父母和孩子的身份进行单方面地讲道理，给孩子灌输父母的想法，而是让双方处于平等的位置，心平气和地沟通。这里建议，父母要学会先听，即先听听孩子的想法、感受、有什么需求等。

父母可以用这样的方式开启谈话："关于昨天我听你的老师说你学习不认真，回来批评了你，然后我们都生气并吵起来的事情，我们来谈谈吧。我知道你觉得有些委屈，所以我想听听你的想法，你愿意跟我聊聊吗？"

为了确保你的孩子能真正跟你说心里话，不管孩子说什么，都不要急于下结论，或者着急、发火。例如：

"你觉得爸爸不理解你，所以，你很难过，你希望爸爸能够理解你，是吗？""你觉得事实和老师说的不太一样，你希望爸爸能够多相信你一些，是吗？"

这些语言不代表你认同孩子的做法，只是与孩子沟通的一种方法。其间可以多问问：

"还有吗？"

当孩子说得差不多的时候，父母可以对孩子愿意向你敞开心扉表达心里话表示感谢：

"谢谢你愿意跟我说这些，这让我可以更了解你。"

(3) 双方表达自己的观点。

父母可以询问孩子，是否愿意听听你的想法感受。如果孩子表示愿意听，那么这个时候，就是父母表达观点的最好时机。表达观点时必须注意：

- 不要带着对孩子的指责和批评，更不能有羞辱孩子的语言；
- 不要翻旧账；
- 不要发泄情绪，但是可以表达想法、感受或情绪；

父母可以试着这样来表达：

"当我听到老师说你没有认真对待学习的时候，我感到很着急、很担心，也很生气，在我看来，学习是非常重要的事情，我希望你能认真对待你的学习，但是我不知道你和我是否有同样的看法,你愿意跟我说说你是怎么看待这个问题的吗?"

父母和孩子沟通的首要目的是建立联结,让你和孩子更加了解彼此、理解彼此。如果和孩子谈得还不错,那么,就可以和孩子一起商量解决问题的方法。

> **指点迷津**
>
> 控制情绪很重要,因为我们的最终目的是解决问题。父母可以先从情绪背后的需求出发,了解问题产生的原因,用冷静客观的状态来解决问题,这样才是问题的解决之道。

第三节

有情绪，我们要学会非暴力的表达

说到情绪与表达，我想先分享一个诺诺妈妈曾经给我讲过的她与她的孩子诺诺在沟通上发生的小故事。

那是一次"亲子时间管理"线下课，诺诺妈妈非常忙，一上午都没有太多的时间关注诺诺，与诺诺交流。到了中午午休时，课堂小组成员一起吃饭，诺诺妈妈觉得自己上午上课时，忽略了自己的孩子，所以内心有些愧疚。因此，在吃饭的过程中，就尽量满足诺诺的要求，给她点了她爱吃的饼。

但是，吃饭期间，诺诺一直磨磨蹭蹭，一会儿看看这，一会要玩玩具。到最后大家都吃完了，诺诺的午餐几乎没动。

于是，诺诺妈妈让小组成员们先走，自己留下来陪诺诺。但诺诺还是不肯乖乖吃饭，诺诺妈妈压抑住自己内心的气愤，强制诺诺坐在座位上吃饭："赶快吃，午休时间快结束了，待会时间到了，我可是就要走了，不等你了。"

此时，诺诺不情不愿地说："好吧。"

虽然诺诺嘴上答应了，但是诺诺依旧在磨蹭。诺诺妈妈瞬间就火冒三丈，一下子没有控制住自己的情绪，将心中压抑的愤怒、抱怨一股脑地说了出来："诺诺，我从刚才提醒你到现在，你只吃了 4 口饭，你不休息，妈妈还需要休息呢，下午你肚子饿我可不管……"

结果，诺诺非但没有被妈妈的生气吓到，反而朝妈妈做了一个停止的手势，然后非常认真地对妈妈说："妈妈，你有什么情绪要表达出来！你要说出来！"

这时，诺诺妈妈猛然想起来，这是她和诺诺平时的约定，每当自己生气的时候，诺诺可以用这个手势提醒自己停止生气，好好沟通。

诺诺妈妈一下子有点蒙，平复了一下自己的情绪，然后说："我感到很愤怒，因为我想休息，但是你没吃完饭，我休息不了。我也感到很担心，看到你没吃几口饭，担心你下午肚子饿。"

说着说着，诺诺妈妈自己都觉得好笑。然后她们母女俩都笑了，愤怒的局面一下子被破除了。之后，诺诺在妈妈耐心的陪伴下，愉快地吃完午餐。

在诺诺和妈妈的互动中，妈妈一开始的情绪并没有直接表达出来，她通过不恰当的行为表达自己的情绪和需求，但孩子并不明白妈妈真正想要表达的是什么。幸亏妈妈之前教过孩子表达的方法，孩子鼓励妈妈表达情绪，而妈妈在女儿的提醒下，也及时觉察到了自己的情绪，并进行了修正。最后有了一个良好的结局。

我们可以有各种各样的情绪，只有我们正确表达了我们的情绪，才有可能被对方理解。根据马歇尔·卢森堡博士的非暴力沟通表达，我们可以通过以下四个方面来表达自己的情绪（见下图）。

第五章 了解和接纳情绪，不做坏情绪的受控者

四个方面让自己学会非暴力表达

① 区分观察和评论
观察：听到、看到、尝到、闻到、触到
评论：被某个事实触发的主观想法／对主观事实的解读

② 区分感受和想法
感受：情感、心情、精神状态 → 开心。
想法—用在他人身上—变成评论
"这样不太卫生。" ＋ → "我觉得你太不讲卫生了。"

④ 区分请求和要求
请求："请你……不？" → 不生气／探寻彼此需求／调整策略
要求："你要……不。" → 愤怒／评判／指责

③ 区分需要和策略
需要 — 联结内在 → 寻找感受根源
策略 — 找到办法 → 满足彼此内在核心需要

1. 在沟通中，首先要学会区分观察和评论

首先，要将观察和评论区分来讲，而不是混为一谈。什么是观察？观察就是客观发生的事情通过我们的感官来呈现出来，即看到

（眼）、听到（耳）、尝到（口）、闻到（鼻）、触到（手）的客观信息。

评论通常是指我们脑海中被某个事实触发的主观想法、念头或对客观事实的主观解读。需要注意的是，非暴力沟通并不要求我们保持完全客观而不做任何评论，只是强调区分观察和评论的重要性，不要将观察和评论混为一谈。

如果我们在沟通中将观察和评论混为一谈，开口就以评论的方式进行表达，人们听到的将是批评、指责，从而产生逆反、抵触心理。

如果我们在沟通中，不得不使用一些评论的语言时，也不要使用绝对化的评论方式，而是基于特定事件和环境中的观察之上的评论。

当我们在沟通中有意识地使用"区分观察和评论"的方式开始沟通时，首先要留意发生的事实是什么。在这个事实中，我们观察到了什么？用一种客观的方式表达出来，不管是否喜欢，只说出发生的客观事实。例如：

"我注意到，当我走进房间的时候，你马上起身去了客厅，当我走到客厅的时候，你又去了走廊。"

这样的表达就是一个基于事实的观察，但是，如果我们的表达是：

"我觉得你特别讨厌我，你是对我有意见吗？"

那么，这样的表达就是一个评论。

而如果我们不得不在这里表达一个评论的时候，也可以用一种基于观察的方式来表达：

"我注意到，当我走进房间的时候，你马上起身去了客厅，当我走到客厅的时候，你又去了走廊。这会让我认为你讨厌我，或对我有意见。"

在使用非暴力沟通的第一个要素时，我们需要清楚地表达观察结果，而不添加过多的主观判断或评估。印度哲学家克里希那穆提曾经说过："不带评论的观察是人类智力的最高形式。"对于大多数人来说，观察他人及其行为，而不带评判、指责或以其他方式进行分析，是难以做到的，这需要大量的练习和有意识的自我觉察。

2. 有意识地区分自己的感受和想法

非暴力沟通的第二个要素就是有意识地区分自己的感受和想法。同时，自己为自己的感受负责。

心理学家罗洛·梅认为："成熟的人十分敏锐，就像听交响乐的不同乐章，不论是热情奔放，还是柔和舒缓，他都能体会到细微的起伏。"然而，根据罗洛·梅的叙述，大多数人的感受是"像军号声那样单调"。

感受是指情感、身体感觉（常常被忽略）、心情或者精神状态。感受是需要的灵魂，它告诉我们满足或者未满足的需要，感受没有好坏之分，没有正向负向之分。在非暴力沟通中，只有需要被满足的感受和需要未满足的感受之分。萨提亚认为，感受是一个信使，它是来提醒我们需要关注自己的需要的送信者。

在生活中，我们常常会把感受和想法混为一谈，所以我们常常会以"我感到……"的句式开始，表达的却是脑海中的想法，例如，我们常常会把想法用在人身上：

"我感到你太自私。"
"我觉得你太不讲卫生了。"
"我觉得你完全不顾及我的感受。"
…………

当我们把这样的想法用在人身上时，会发现这句话其实是一个评论，而过多评论的沟通方式，会引发对方的抵触情绪，让沟通无法顺利进行。

所以，在沟通中，我们需要有意识地觉察到自身的情绪，并把它真实客观地表达出来："当……（客观事情）时，我感到担心。"或者"当……时，我感到难过。"

通常，用于表达感受的是一个感受词汇，如高兴、难过、伤心、孤单、委屈等。

同时，非暴力沟通强调，感受的根源在于我们自身，我们可以为自己的感受负责。别人的行为可能会刺激到我们，但它并不是我们感受的根源。

如果父母跟孩子说：

"妈妈伤心都是因为你的成绩不好！"

"我为什么不高兴，还不是因为你一直在哭闹！"
…………

那么，这是把自己的感受归罪于孩子。

看到父母的痛苦，孩子可能会感到内疚，并通过调整自身行为来迎合父母。但这种调整只是为了避免内疚，长此以往，并不会增加父母与孩子之间的联结，反而可能引发孩子的抵触情绪。

3. 核心是要找到感受的根源——需要，并区分需要和策略

前面我们提到，感受是一个信使，信使的到来是告诉我们有需要被满足，或未得到满足。所以，他人的行为不是直接引发我们情绪的主要原因，但是，他人的行为影响着我们的需求是否能够得到满足。所以，在有效的沟通中，我们要找到彼此内在的核心需要，这样才能找到可以同时满足彼此需要的具体策略。

在前面诺诺的案例中，妈妈的需求是休息，所以诺诺吃饭拖拉，致使妈妈的需求得不到满足，妈妈感到生气。但如果妈妈的需求是联结、爱和陪伴呢？妈妈觉得一上午都在上课，没有陪伴诺诺，打算在午休时间陪伴诺诺，和诺诺建立联结，感受女儿对自己的爱呢？诺诺妈妈换个角度，也许就不会感到生气了。所以，不是事情引发我们的情绪，是需求的满足与否，引发我们的情绪。我们可以表达自己的需求，让对方明白我们的需求是什么，让双方的关系呈现正循环。

需求往往可以用一个词来表达，例如：休息、联结、爱、支持、理解、陪伴等，而完成需求常常需要具体的方法或方案，例如：我

需要你快点吃饭；我需要你整理房间等。这些都是可以帮助我们满足需要的具体策略。那么怎么才能让对方明白我们真正的需求是什么，我们怎么才能知道对方的需求是什么？

例如，妈妈需要休息，女儿吃饭快一些，让妈妈能够休息是一个策略。同样的，奶奶把食物打包到房间，让女儿慢慢吃，妈妈休息，也是一个策略。所以，只有找到真正的需求，我们才能找到更多满足需求的策略，也更容易赢得对方的合作和帮助。

4. 通过请求的方式来表达具体满足需求的策略

前面我们提到，虽然感受来自我们的需求，但是，他人的行为也确实会影响我们的需求是否得到满足，所以，我们还可以通过向对方提供请求的方式来争取满足自己的需求。

请求和要求的区别是什么？请求是即使对方拒绝我们也不生气，同时也可以看看对方拒绝的背后是希望满足什么样的需求。当我们和我们的需求连接，并真正理解对方的需求之后，可能会调整新的策略，从而重新提出新的请求，这会有助于满足彼此的需求。而要求和命令则是，如果对方拒绝，我们就会产生愤怒、评判、指责或者强人所难的行为。

所以，把以上四个步骤总结一下，我们可以通过以下四步来表达自己的情绪、需求和请求：

观察：当我看到（观察到、注意到）_____时，
感受：我感到_____（感受词汇），
需求：我需要（看重）_____（需求的词汇），
请求：请你_____（具体的策略）。

第五章 了解和接纳情绪,不做坏情绪的受控者

指点迷津

非暴力沟通的表达方式让我们可以真实地表达情绪,同时不伤害和指责他人,反而因为真诚的表达可以获得更多的理解和合作。

第四节

认知行为三个圈，面对坏情绪先改变自己再改变孩子

很多父母都说："我知道要控制自己的情绪，也不想动手打孩子，也怕会伤害孩子，给他造成心理阴影，但是孩子的行为太让我生气了。我觉得他就是故意和我作对，尤其是做作业的时候，他就是不想好好写……"

1. 情绪不应该被压抑

如何与情绪和平共处，似乎是很多父母都非常感兴趣的话题，每次我分享相关主题时，父母们都表示特别感兴趣。

很多时候，人们喜欢把情绪分为好的、坏的、正面的、负面的，认为开心、快乐、高兴等是好的、正面的情绪，伤心、难过、痛苦、生气等是坏的、负面的情绪。而每个人都希望自己拥有平和、愉快的情绪，不希望自己总是处于愤怒、伤心、痛苦等不太好的情绪中。

事实上，情绪是没有好坏对错之分的，不论是喜悦、哀伤还是愤怒、恐惧，都是人类正常的情绪感受，它们的出现都有重要的意义和价值。但是，如果我们对情绪没有觉察和觉知的话，情绪也会给我们带来一些困扰。

许多父母在养育孩子的过程中，会遇到各种各样的问题，他们不能做到每次都用好的情绪和态度去解决问题。所以脾气上来后，就变成了"臣妾做不到呀"。

情绪会在不知不觉中推动人做出一些对自己、对他人有害或对环境物品有破坏性的行为；当情绪能量长期没有得到疏解和转化，积压过多，会致使人长期处于某种情绪中惶惶不安，甚至可能影响到人际交往、身心健康。

事实上，情绪并不能通过简单的压抑和控制就可以改善。要想与情绪和平共处，我们先要了解情绪和我们的想法、感受之间的关系，了解情绪是如何推动我们的行为的。

2. 借助"认知行为三个圈"，改变你的想法、感受、行为

我们需要用一些方式来帮助自己和孩子缓解、转化情绪，比如通过认知行为疗法来做转化和调节。在我带领父母自我心理成长的心理团体成长小组中，有一个活动特别适合用来做这样的转化，我叫它"认知行为三个圈"，父母可以在家里给自己和孩子做练习，进行情绪上的疏导（见下图）。

在做练习之前，我们需要明白，情绪感受、想法和行为其实是三个独立的部分，想法不能直接等同于情绪感受，情绪感受也不能直接等同于行为。情绪会推动行为的产生，成为行为的动力，但情绪不一定会导致坏的行为产生。例如，人们会愤怒，但是愤怒不等于就会出现打人、骂人等行为。

有时候，我们之所以不能接受和接纳孩子的情绪，是因为我们

把情绪和行为混为一谈。

认知行为三个圈，改变你想法、感受、行为

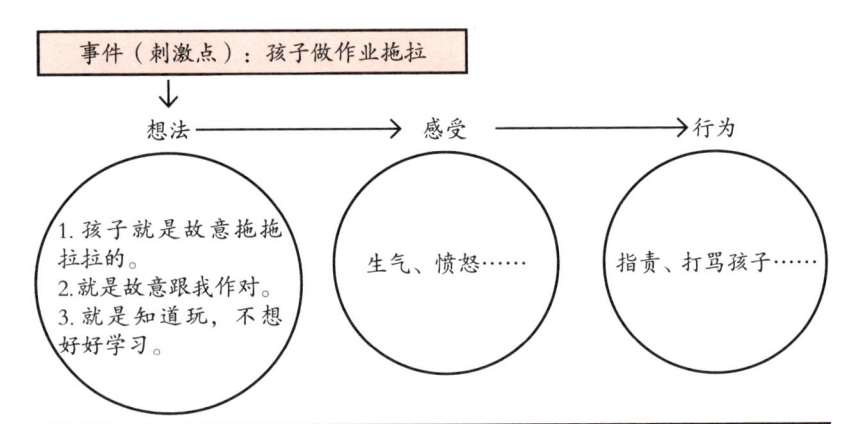

事件（刺激点）：孩子做作业拖拉

↓

想法 ⟶ 感受 ⟶ 行为

- 1. 孩子就是故意拖拖拉拉的。
- 2. 就是故意跟我作对。
- 3. 就是知道玩，不想好好学习。

生气、愤怒……

指责、打骂孩子……

结果：问题没有解决，孩子还是拖拉，同时还可能产生其他新的问题。

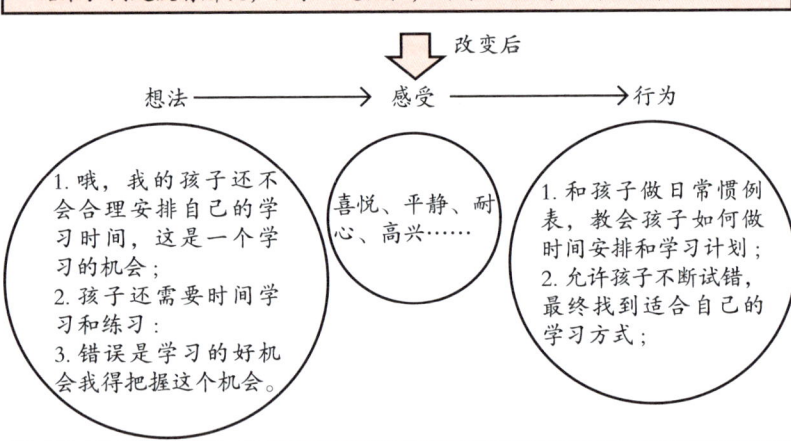

⇓ 改变后

想法 ⟶ 感受 ⟶ 行为

- 1. 哦，我的孩子还不会合理安排自己的学习时间，这是一个学习的机会；
- 2. 孩子还需要时间学习和练习；
- 3. 错误是学习的好机会我得把握这个机会。

喜悦、平静、耐心、高兴……

- 1. 和孩子做日常惯例表，教会孩子如何做时间安排和学习计划；
- 2. 允许孩子不断试错，最终找到适合自己的学习方式；

目标（一个新的结果）：孩子能够自律、会合理安排自己的学习、提高学习效率。

事实上，引发我们情绪、想法和行为的常常会有一个外界的事件，这个事件我们称其为刺激源，大多数人认为是刺激引发了我们的反应：

  刺激（事件）→反应（情绪感受和行为）

我们常常在这样的"刺激—反应"之间做着最本能、最快速的回应，这样的反应是比思考更偏向本能的选择，但会让我们有一种挫败感，因为情绪和行为，总是被外界掌握和掌控着，我们自己做着被动的反应。

而事实上，在刺激和反应之间，还有一个非常重要的影响因素，就是我们的想法——我们对待事物保持的信念、看法——这才是决定我们做什么反应、有什么情绪和行为的关键所在。

  刺激（事件）→想法和看法（信念）→反应（情绪情感和行为）

面对同一个事件，每个人的信念不同，想法和看法不同，做出的反应自然也不同。这里拿孩子做作业拖拉为例：

刺激我们的事件是：

  孩子做作业拖拉。

这个事件是孩子触动父母情绪的一个触发点。那么，面对这个事件，父母会产生哪些想法呢？可能有以下几种：

- 孩子就是故意拖拖拉拉的；
- 就是故意跟我作对；
- 就知道玩，不想好好学习；
- 屡教不改，太过分了。

在这样的想法之下，父母可能会产生的感受是：

失望、生气、愤怒……

因为情绪的推动，产生的行为是：

指责、打骂孩子。

最后的结果是：

问题没有解决，孩子还是拖拉，同时还可能产生其他新的问题。

显然，这不是我们想要的结果，所以，我们需要做出改变。那么从哪里开始改变呢？这三个圈的任何一个圈都可以。

让我们先从感受开始吧，如果达成了目标，我们的感受会发生什么变化呢？肯定不再是愤怒生气，可能是喜悦、平静、耐心、高兴……

从感受入手，我们就要往前面一个圈倒推，想一想，我们的想法要发生什么样的改变，才能有这样的感受呢？可能我们的想法需要变成：

第五章 了解和接纳情绪，不做坏情绪的受控者

- 哦，我的孩子还不会合理安排自己的学习时间，这是一个学习的机会；
- 孩子还需要时间学习和练习；
- 错误是学习的好机会，我得把握这个机会。

当我们有了这样的想法，我的感受想要像第二个圈这样也就更加容易了，在这样的感受下，行为自然容易发生改变：

- 和孩子做日常行为计划表，教会孩子如何做时间安排和学习计划；
- 允许孩子不断试错，最终找到适合自己的学习方式；

通过从想法、感受、行为的任何一个圈入手，我们都可以得到一个想要的新结果，当我们真正接纳了自己的情绪，就会知道情绪背后的意义，并能理解情绪背后的想法，我们的行为也会有意识地朝向我们想要的目标前进。渐渐地，我们会发现不论是让我们感觉好的情绪，还是让我们感觉不那么好的情绪，我们都会同样欢迎它们的到来，这样也就真正能与情绪和平共处了。

指点迷津

学会与情绪共处，并不只是孩子的功课，父母更应该先修行再教导孩子。其实情绪本身并无对错之分，需要注意的是感受与行为。

第五节

愤怒选择轮，冷静下来才能找到解决问题的方法

> **案例**
>
> 悦悦和妈妈约定，写完作业就让妈妈陪她一起去公园玩半个小时，妈妈欣然答应。
>
> 悦悦在公园玩了10多分钟后，妈妈接到奶奶的电话，奶奶不知道妹妹的奶粉放在什么地方，妈妈决定带悦悦先回去，一会儿再出来。妈妈耐心地把这件事告诉悦悦，悦悦却不依不饶，怎么说都不行。到家里后，她的怒气达到了顶峰，还推妈妈。

为什么孩子的情绪说来就来，作为父母要怎么妥善处理孩子的情绪呢？今天我们就来一起学习一下处理孩子情绪的方法。

1. 拥抱

如果遇到孩子情绪崩溃，或者是拒绝与你沟通等情况，父母可以熟练运用以下三句话来处理孩子崩溃的情绪：

A："来，妈妈（爸爸）抱。"

B:"妈妈(爸爸)需要你的拥抱。"
C:"没关系,等你想让妈妈抱的时候再来找妈妈(爸爸)。"

孩子因为要求得不到满足号啕大哭的时候,如果我们对孩子说:"来,妈妈抱。"孩子听到这句话的第一反应是什么?孩子会有点愣,心里想:"我这么闹,妈妈还要抱我。"这个拥抱是代表对孩子情绪的接纳,代表尽管孩子发脾气,妈妈依然爱孩子。

如果我们对孩子说:"妈妈需要你的拥抱。"这会让孩子转变当下的心理状态,从失控的情绪中抽离出来。如果孩子不肯,那么我们可以平静地对孩子说:"等你想让妈妈抱的时候,再来找妈妈。"然后平静地走开忙自己的。在这里要注意:确保孩子感受到的情绪是安全的,任何时间来找你都是可以的。

父母在拥抱孩子的时候,不要刚抱上就着急教育孩子,问题可以等孩子情绪稳定之后再解决。

两三岁的超超在超市的玩具区号啕大哭,嚷着一定要买那个玩具,他妈妈一直在和他讲道理:"家里已经有很多了,你不要再哭了,不然妈妈很生气。"

妈妈看他没有要停止哭的趋势,假装推着购物车走开了,但孩子还是一直哭,妈妈又推着购物车回来了。

其实这个时候,超超妈妈可以对孩子说:"来,妈妈抱。"然后告诉孩子:"妈妈听见了,你特别想要那个玩具对吗?"孩子听到这句话,觉得妈妈可能会给自己买玩具,就会收着一点自己的情绪。

等孩子的情绪平复下来，我们可以尝试与孩子沟通，了解孩子当下的想法，比如"你为什么想要买这个玩具呀？"了解孩子需求背后的目的，如果是合理的，我们可以考虑答应。如果是不合理的，我们要用孩子能理解的方式把拒绝的原因表达出来，并在回家后尝试与孩子制定购买玩具的规则，避免这样的情况再次发生。

孩子在有情绪的时候，我们要做的并不是顺着他，满足他的要求，或者对他大吼大叫，而是给孩子拥抱，让孩子知道自己能体会到他的感受。

2. 认可孩子的情绪，允许孩子拥有自己的情绪情感体验

孩子在很生气的时候，常常会说出不可思议的话。我们需要看见孩子的情绪，承认和认可孩子的感受，允许孩子拥有自己的情绪情感体验，可以对孩子这么说：

> "看起来你很愤怒。每个人都有喜怒哀乐的权利，我也常常会感到愤怒。"

这是我们看见、承认并认可了孩子的情绪，通常情况下，孩子的情绪被看见以后，会像充满气的气球被泄了一些气一般，愤怒值会下降一些。

如果孩子还是很愤怒，父母可以允许孩子拥有自己的情绪情感体验的权利，所以可以对孩子说：

"如果你感到很生气也没关系,你可以生气一会儿,这没关系的。"

或者,父母也可以给孩子提供一些应对情绪的建议:

"如果你感到很生气,到你的冷静空间里待会儿会不会好一些?"

"如果你感到很生气,对着小熊或镜子大喊大叫宣泄一下对你有没有帮助?"

"如果你感到很生气,你是否愿意打打沙袋宣泄一下?"

当父母能够接纳孩子的情绪,允许孩子的情绪流淌,不但可以给孩子体验自己情绪情感的机会,还给了孩子自己学习平复情绪、学习和自己的情绪相处的机会。

3. 即使很难的时候也要共情孩子的情绪

共情确实是理解孩子情绪非常好的方法。不过,对于大多数父母来说,如果孩子的情绪是和他人间的冲突引发的,共情孩子会比较容易。

当孩子和你发生不愉快的时候,说你是个坏妈妈,这可能会引发你的各种情绪,致使你可能觉得共情孩子会有些难。这个时候,你需要跳出本身的情绪感受,站在一个第三者的角度来共情孩子,顺着她的话说下去。

比如以开玩笑的方式说:"对啊,真是个坏妈妈。"从而弱化孩子尖锐的情绪。

父母们也不要害怕自己就真的是个坏妈妈了。在孩子还不能把好和坏整合在一起之前,他看妈妈也常常是一分为二的,他会觉得有两个妈妈,一个妈妈好,一个妈妈坏。

好妈妈是爱我的,喜欢抱我,满足我的要求。坏妈妈是不让我的要求得到满足。随着孩子的成长,心理状态逐渐健全,孩子会把好妈妈坏妈妈整合起来,会明白,好妈妈和坏妈妈是同一个人,好妈妈有时候也会不能满足我的需求,坏妈妈也是照顾我爱我的那个妈妈,从而慢慢学会接纳妈妈的全部。

我们可以通过下面的方式来共情孩子:

"听起来妈妈做这件事让你很失望,你真的很生气呀!"

"你真希望把那个坏妈妈丢掉,就留下好妈妈爱你,是吗?"

"弟弟的行为让你太生气了,你真的恨不得狠狠地揍他一顿呀,对吧?"

…………

把情绪和行为分开来,我们认可孩子的情绪,不代表支持他的行为,我们说出他的愿望,不代表允许他这么做。

4. 与孩子一起制作"愤怒选择轮"

当你生气难过的时候,你会做哪些让自己开心的事情呢?比如听歌、洗澡、散步、看电影、购物等。那么,当孩子生气的时候,

第五章 了解和接纳情绪，不做坏情绪的受控者

他可以做哪些让自己开心的事情呢？我们可以问问孩子，然后把孩子的答案都写下来，和孩子一起做一个"愤怒选择轮"（见下图）。

与孩子一起制作"愤怒选择轮"

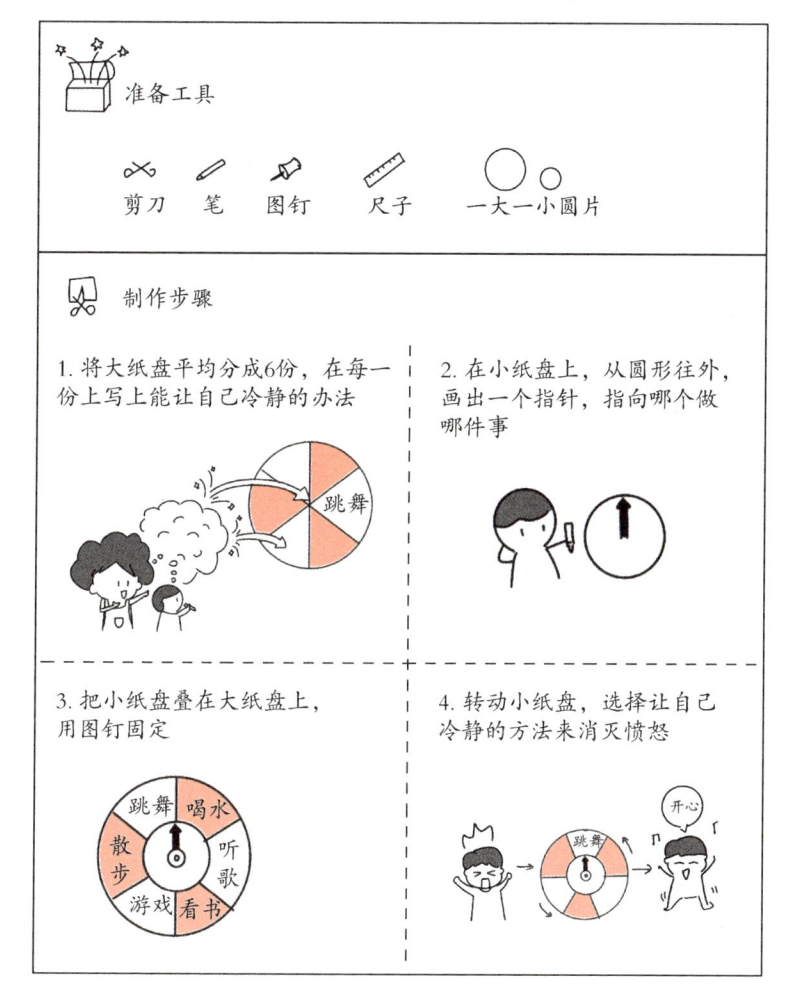

准备工具

剪刀　笔　图钉　尺子　一大一小圆片

制作步骤

1. 将大纸盘平均分成6份，在每一份上写上能让自己冷静的办法

2. 在小纸盘上，从圆形往外，画出一个指针，指向哪个做哪件事

3. 把小纸盘叠在大纸盘上，用图钉固定

4. 转动小纸盘，选择让自己冷静的方法来消灭愤怒

愤怒选择轮是一个转盘，转盘里有好几个部分和选项，把你和

孩子头脑风暴出来的可以让自己开心的事情都写在每个部分或选项上，当你或孩子情绪不佳时，可以旋转愤怒选择轮，指针指向哪个选项，就可以去做这件让你们感觉可以变得开心的事情。

在有孩子之前，我自己是一个脾气很坏且任性的人。在成为妈妈后，我怕我的脾气影响到孩子，就请我的孩子果果帮我做了一个"愤怒选择轮"。

> 有一天，我们因为一件小事，果果生气了，气呼呼地到书架前找到了我的愤怒选择轮，然后开始转，转着转着，他居然自己偷偷笑了。我过去一看，原来，他一直想转到"看电话"那个选项，所以连续转了几次。这个过程中，估计他想着自己在偷偷使坏，所以偷偷乐了。一时间，双方生气愤怒的情绪都烟消云散了。

所以，转愤怒选择轮本身也是转移和处理情绪的一种方式。除了这种方式之外，还有其他的方法，例如摇骰子、抽签、抓阄等。

想要养育好一个孩子是非常不容易的，在这个过程中，我们会遇到各种各样不知道如何处理的问题，这需要我们用科学的方法结合自己的智慧才行。

指点迷津

当孩子有情绪或犯错误的时候，父母需要去感知情绪背后的需求，发现孩子情绪背后或做错事的动机和原因，让孩子学会更多解决问题的方法，让孩子成为一个有勇气、有创造性的人。

第六章

对外关系中的难题，我们应与孩子一起面对

第一节

冲突与霸凌，你的孩子正在经历什么

电影《少年的你》的热映，把"校园霸凌"这个话题再一次带到了大家面前。我在看完这部电影之后，组织了一次与校园霸凌有关的线下讨论沙龙。现场参与的父母中，抛出了很多问题。

1. 学会区分冲突和霸凌

现在，父母对于孩子的身心发展格外重视，为了能清楚、直观地区分霸凌和孩子的正常冲突，我们通过以下四个场景，试着来区分和了解一下冲突与霸凌之间的区别。

场景一：小学二年级的小A（女生）和小C（男生）是同桌，两个孩子经常会为一些小事情吵起来，甚至有时候会互相动手拍打对方，但是都没有造成严重伤害。小A会回家和父母说小C的事情，小A的父母特别担心小A在学校被小C欺负，担心女儿遭遇了校园霸凌，于是多次找班主任沟通。

场景二：小学四年级的小F和小G是两个淘气的男孩，他们经常在一起玩，也经常一言不合就打起来，老师多次与他

第六章 对外关系中的难题，我们应与孩子一起面对

俩交流都无效。一天放学回家，小F的妈妈发现小F脸上有几道明显的血痕，一问，是被小G打的，小F的妈妈非常生气，联系了老师，老师给小G父母打电话了解到小G也被小F打伤了，这次两个孩子两败俱伤。

场景三：初三的小J和两三个同龄伙伴一起，经常在上学的路上拦着初一新生小K，让他交"保护费"，如果小K不服从，小J就会和同伴一起殴打小K，或者对小K做各种恶作剧：把他的书包扔进垃圾桶，冬天往他的棉衣里灌水，在他脸上画油彩并拍摄欺负他的画面在同学间传播等。

场景四：女生小L被班上大多数的女生孤立了，小L不知道自己怎么得罪了小M。在小M的带领下，班上大多数的女生都不和小L玩，有时候，大家会聚在一起对小L冷嘲热讽，或者私下传播一些关于小L的负面消息，甚至是谣言。有时候，小M也会联合一些男生一起孤立小L。小L在班上深感孤独。不仅如此，有时候，小L的书本会莫名其妙丢失，也会遭遇同学一些莫名其妙的恶作剧。小L为此感到非常苦恼，班上也有一些同学挺同情小L的，但是，碍于压力，害怕遭到同样的待遇，谁也不敢帮助小L。

…………

上述这四个场景中，哪几个场景是孩子的正常打闹冲突，哪几个场景是霸凌或恃强凌弱呢？在区分之前，我们首先要了解什么是冲突，什么是霸凌。

"冲突"很好理解，也就是两个人或多个群体之间产生的矛盾、争执、争斗。那么，什么是霸凌呢？

挪威学者丹·奥维斯对霸凌行为是这样定义的——"<u>一个学生长时间并重复地暴露于一个或多个学生主导的负面行为之下</u>"。如果一个或一群孩子，针对一个孩子反复找碴儿，这种行为就属于霸凌行为。

现在，我们根据以上四个场景，通过分析来详细了解一下。

场景一中：小A和小C之间显然比较符合孩子间缺乏交往技巧的正常冲突现象，虽然小C是男孩子，通常情况下大家会认为，小C比身为女孩子的小A更有力量上的优势，但是，小学二年级的男孩女孩之间力量悬殊相差不会太大。而且两个孩子之间也是以小打小闹的玩笑为主，小C并没有明显的以欺负小A为乐的主观意愿，并没有造成严重的伤害。父母无须在主观上认为这是一起孩子被欺负的霸凌事件，更应该避免因为父母的不当反应激化矛盾，把原本属于孩子之间的正常冲突演变成争吵，最终导致悲剧的发生。当然，老师和父母对双方孩子都要妥善教育，教导孩子人际交往和沟通的方法，告诉孩子遇到冲突应该如何解决问题的技巧和策略以及孩子玩闹时候的分寸感。

场景二中：四年级的小F和小G也属于孩子之间的正常冲突。

场景三中：显然小K遭遇到了霸凌，缴纳"保护费"是金钱方面的霸凌，那些所谓的"恶作剧"更是赤裸裸的霸凌，如果这些所谓的"恶作剧"在小K的朋友圈中进行二次传播，则会引发更严重、更广泛的霸凌事件的发生。

场景四中：女生小L也正在遭遇校园霸凌，女生间的霸凌除了肢体冲突外，更多的是精神方面的霸凌，比如谣言、嘲笑、孤立等。精神霸凌相比身体霸凌而言，会更隐秘、更难被发现，但是对孩子造成的心理伤害和身体伤害同样严重。

通过以上四个场景案例，我们对"霸凌"可以总结为"恃强凌弱"，这种"强"包括年龄、力量、心理、人数等方面。霸凌一般具备以下几个特征：

（1）霸凌者和受害者之间一定存在明显的实力强弱之分。

（2）霸凌者在霸凌受害者的过程中可能获得快乐，以此寻求刺激、获取心理安慰。

（3）霸凌者对受害者造成了身体上、名誉上或心理上某种程度的损害和伤害。

（4）霸凌事件通常容易发生在小学四、五年级以上的孩子身上。二、三年级及更小的孩子之间发生恃强凌弱的可能性比较小，但是，小龄段的孩子可能会成为恃强凌弱事件中的受害者。

父母所关注的校园霸凌（school bullying），指的是以学生为参与主体，发生在校园内外的一种攻击性行为。这种行为会长时间持续，施暴者会通过各种形式，给受害者心理造成恐惧，身体和言语遭受恶意的攻击，且因为受害者与施暴者之间的权利或体型等因素不对等，而不敢有效地反抗。

霸凌不只发生在校园，也可能发生在校外，甚至在互联网上。

2. 为什么校园霸凌是"教育难题"

"校园霸凌"一直是困扰无数家庭和学校的教育难题，为什么说它是"教育难题"？

首先，我们要了解校园霸凌的三种类型：语言暴力、身体暴力、心理暴力（见下图）。

校园霸凌的三种类型

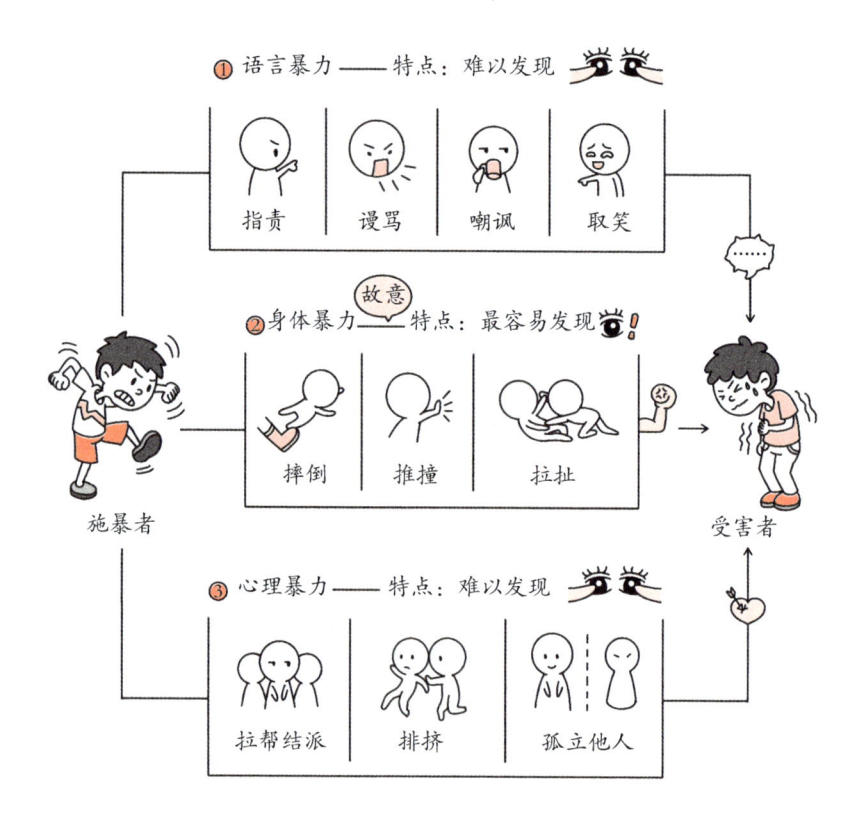

① 语言暴力 —— 特点：难以发现

指责　谩骂　嘲讽　取笑

② 身体暴力（故意）—— 特点：最容易发现

摔倒　推撞　拉扯

施暴者　　　　　　　　　　　　　　受害者

③ 心理暴力 —— 特点：难以发现

拉帮结派　排挤　孤立他人

从图中我们了解到，身体暴力方面的霸凌最容易被发现，但是语言暴力和心理暴力却很难被发现。那是因为：

（1）施暴者、受害者、旁观者对霸凌的认知、界定的标准不一样。

在很多施暴者的父母、老师、朋友眼里，这个孩子乖巧听话、成绩优秀、待人友善，种种优点让他们认为这样的孩子不可能成为霸凌者，而平时成绩差、调皮、叛逆的孩子很容易在霸凌事件中被定为"施暴者"。

即便发现霸凌者,孩子的父母们也会以"他还是个孩子""你为什么要跟一个孩子计较""你这么做,孩子以后怎么办"等理由为孩子辩解,帮助孩子逃避应有的惩罚。

(2)父母、老师、学校无法及时发现孩子异常,缺乏沟通和疏导。

随着孩子不断长大,身体和心理都有了巨大的变化。他们逐渐有了更多的想法和秘密,变得不再愿意什么事情都与父母分享,从而导致校园霸凌不易被发现。

语言冲突、孤立等软暴力行为更隐蔽,更不易被发现;部分孩子的父母、老师、学校对什么是霸凌行为认知不足,未能正确及时处理,常常导致更恶劣的霸凌行为的发生。

(3)从受害者角度,认定其遭遇是否具备"针对性"与"反复性",是将霸凌行为与孩子间的一般性冲突区别开来的重要标准。

心理学家荣格曾说过,健康的人不会折磨他人,往往是那些曾受折磨的人转而成为折磨他人的人。

相信大部分人小时候都有给同学取外号,或者被同学取外号的经历;或者跟同学说不要跟某某玩;或者经常性地跟某位同学开玩笑。这类软暴力性质的行为,是否属于霸凌行为,大家在认知上存在较大的差异。

但是遭受这些软暴力霸凌行为的孩子,其实远多于遭遇硬暴力行为的受害者;但软暴力式霸凌行为,认定起来较为困难。行为实施者认为自己的做法,不属于霸凌行为,只是同学朋友间的玩笑而已;但受害者却认为自己受到了伤害,而旁观者的认知同样不统一。

那么,要采取什么样的视角来认定这是否属于校园霸凌呢?

答案是,"受害者视角"。

每个孩子的性格不一样,对事物的接受程度也不一样。要想了解霸凌行为是否出现在孩子身上,必须尊重受害者的感受。所以,我们要主观上以"受害者视角"来认定负面行为是否存在;客观上再结合"针对性""反复性"两个标准,来判断是否有霸凌行为出现在孩子身上。

指点迷津

校园霸凌对受害者造成的伤害会严重影响孩子今后人格、性格、身体等方面的健康成长。有些孩子因为遭受霸凌的情况没有被发现或没有人帮助他们走出被霸凌的阴影,久而久之会变得胆小、消沉,不爱与人交往,甚至会导致其他更严重的行为。面对校园霸凌,无论事件大小,父母、老师、学校一定要细心且谨慎,帮助孩子们健康成长。

第二节

了解霸凌中孩子们的角色，帮助孩子战胜"霸凌"

在我的青春期父母课堂上，我们总会讨论"面对霸凌怎么办？"这个问题，一起探讨霸凌者、受害者、积极旁观者、消极旁观者在面对霸凌事件时都有怎样的内心感受、想法，这些感受想法又是如何影响着他们的行为，以下是我们一起讨论出来的一些答案。

1. 不同角色在霸凌事件中的表现（见下页图）

一件霸凌事件中，通常有三个重要角色：霸凌者、受害者、旁观者，而旁观者又分为积极旁观者和消极旁观者。

积极旁观者指的是在看到霸凌事件后采取积极措施去阻止事件进一步发展的旁观者，可以是成年人，也可以是孩子，他们通常会上前阻止霸凌者的施暴行为、帮忙报警、发出求援信号等积极帮助和保护受害者。

消极旁观者指的是看到或发现霸凌事件之后，并没有采取措施帮助和保护受害者，仅仅是旁观或者尽快离开现场。

（1）霸凌者。

霸凌者的想法："我得比别人更厉害，我才不会被人欺负。""我只有足够厉害，才会有人跟我玩。""我欺负别人，总比我被别人欺负好。""我被人欺负了，我要欺负比我更小的人才公平。"有

霸凌者、受害者、旁观者分别在霸凌事件中的表现

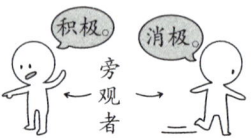

霸凌者	受害者
♥ 感受 兴奋、快乐、乐在其中……　　紧张、担心、害怕、愤怒、孤独、伤心……	♥ 感受 痛苦、愤怒、委屈、伤心、难过…… ＋ 忐忑期待
☺ 决定和行为 霸凌受害者付诸行动	☺ 决定和行为 忍耐　轻生　欺负弱小　帮助

旁观者	
☺ 积极　←　　　　　　　　　　→　消极 ☹	
♥ 感受 气愤　同情　着急　担心	♥ 感受 担心　害怕　恐惧　迷茫
☺ 决定和行为 帮助　喝止/阻止　报警/打电话	☺ 决定和行为 假装没看见 尽快离开　　边上看着

的霸凌者会认为，自己是在维护某种正义，也有的霸凌者觉得这样子可以引起父母老师的关注，想法可能是："你们都不关心我，那我只能自己去找一些事情让你们关注到我。"

霸凌者的感受：霸凌者在霸凌时可能会感到兴奋、快乐，也有可能会紧张、担心、害怕、愤怒、孤独、伤心……

霸凌者的决定和行为：通常是去霸凌受害者，并且付诸行动。

（2）受害者。

受害者的想法："如果我告诉父母老师，他们可能会变本加厉地欺负我，所以，我还是不要说了。""我忍忍，也许就会过去的。""我太痛苦了，有谁可以来帮帮我？""没有人会来帮我的。""将来，如果我有能力了，谁欺负我，我就要他们好看。"也有的受害者可能会有一些奇怪的想法，比如内心的想法可能是："如果有人欺负我了，我就可以回家跟爸爸妈妈说这件事情，他们就会关注到我了。"

受害者的感受：大多数时候是痛苦、愤怒、委屈、伤心、难过、绝望，而期望获得父母关注的孩子，内心则可能会有一些忐忑和期待等。

受害者的决定和行为：有的受害者会决定一直忍耐下去，所以，他们不会主动求助；有的受害者在伤心、绝望之下，可能做出自我伤害的决定；有的受害者可能会转而去霸凌比自己更弱小的人，以寻求心理的平衡。当然，更为积极的受害者，因为自己的经历，能够更加同情弱小者，所以可能会去帮助其他被霸凌者。

（3）旁观者。

①积极旁观者：

积极旁观者的想法："太过分了，怎么可以这样欺负人？""不能任由他们这样下去，我得帮帮那个受害者。"

积极旁观者的感受：气愤、同情、着急、担心……

积极旁观者的决定和行为：会上前帮助和保护受害者，喝止或出手阻止霸凌者，报警、打电话求助等。

②消极旁观者：

消极旁观者的想法："太可怕了，不会过来打我吧？""我还是不要管闲事了，万一也来欺负我怎么办？""不知道他们有什么恩怨，还是不要多事的好。"

消极旁观者的感受：担心、害怕、恐惧、迷茫等，有的旁观者可能事后想起来会有后悔、内疚和懊恼等情绪感受。

消极旁观者的决定和行为：可能装作没看见，或者尽快离开现场；也可能仅仅在边上看着……

那么，作为父母和老师，怎么才能帮助到我们的孩子们，尽可能减少霸凌事件的发生呢？

2. 如何避免把孩子养成霸凌者

阿德勒曾说："一个行为不当的孩子，是一个缺乏爱的孩子。"霸凌者的内心是缺乏爱的，在电影《少年的你》中，带头霸凌的小女孩，虽然家庭条件很好，成绩也很好，但是，她却没有得到父母心理上的关心和理解，所以，在心理层面，她是缺乏爱的孩子。

因此，在平时的生活中，父母和老师首先要给予孩子足够多的关心和关注，理解孩子的内心。

首先，成年人对于缺乏爱的孩子的不当行为，不是用批评、指责、惩罚、羞辱的方式去对待，唯有用爱和鼓励，才能让孩子慢慢回归到用有益的方式去寻求归属感的正确的道路上来。从小在正确的爱中成长的孩子，内心被爱浇灌着，会养成同理他人、关心弱小的爱的习惯。

其次，在孩子和同学发生打架等正常冲突时，父母、老师要合理解决和处理问题，处理问题的方式不能简单粗暴，既要让孩子认识到不能欺负弱小，也不能冤枉和委屈了孩子，让孩子积愤在心。

最后，父母要自我警觉。每个成年人都有责任和义务保护孩子，但不能仗着自己的优势欺负孩子，被欺负的孩子，此时是受害者，但是，他们可能在心理上向攻击者认同。

3. 发现校园霸凌，父母应该这么做

父母需要多与老师和其他父母沟通。长期不在孩子身边的父母，建议定期询问孩子的在校情况，加入父母群，并保持联系。

孩子遭受委屈，不管是不是霸凌，最正确的办法还是及时说出来。除了告诉老师外，更重要的是及时告诉对方父母，一对一的私聊更容易帮助双方了解真相，也更容易控制情绪。而发现自己的孩子正在遭遇校园霸凌，或者霸凌了别人，正确的做法应该是：

（1）保持冷静和克制，及时弄清楚事件全过程。

（2）持积极心态，相信和运用法律的客观公正，保证事件在正常轨道。

（3）尊重和配合校方职能部门的处理。

（4）正视事件对孩子心理的影响程度，采取心理咨询与援助，调适好心情。同时，要充分客观地剖析校园霸凌事件，帮

助孩子明辨是非，弄清处理原则，吸取经验教训，避免类似事件重复发生。

（5）事件双方的父母与孩子，都应当尊重与服从校方或相关职能部门的客观处理决定。作为过错方的当事人和父母，需要积极主动承担责任，父母们应当带着孩子当面认错，并对造成的伤害作出相应赔偿或补偿，达到教育成长的根本目的。

4. 受害者应学会保护自我

父母要多关注孩子内心的变化和心理需求，多陪伴孩子，多向孩子传递爱的信息，培养孩子在人际交往中的自信心。一个内心充满自信，没有受害者心态的孩子不容易招致霸凌。

请一定要告诉孩子："这不是你的错。被霸凌不是因为你做错了什么，这不是你的错，不论你做了什么，霸凌者都没有权利这样霸凌你。"

"遇到霸凌事件，要勇敢反抗和求助。如果霸凌者还继续，先逃跑，选择保护好自己，然后及时告诉父母和老师，甚至可以选择报警。一定要相信，父母都会支持保护你的。"

平时，帮助孩子建立一些伙伴关系，让孩子上学和放学的路上多和好朋友一起同行。

5. 旁观者不再逃避

若是孩子作为一个在事件中的旁观者，很多父母为了避免麻烦，觉得只要自己的孩子没有被霸凌，为了"安全起见"，让孩子选择视而不见。其实，这也是保护孩子的方法之一，但并非适用于所有的孩子。因此，我们也可以根据旁观者的态度，做出以下引导。

（1）积极旁观者：父母与老师对积极旁观者的行为要予以肯定和及时的鼓励，肯定他们具有社会情怀的行为。同时，也要和孩子一起讨论如何在帮助他人的同时，也做到保护自身的安全。

（2）消极旁观者：父母与老师对消极旁观者不要批评和羞辱，要理解他们当时恐惧、害怕的心理，特别重要的一点是，帮助他们消除内疚感和负罪感，告诉他们这不是他们的错，每个人遇到这种情况都有可能会感到害怕，这不是胆小的行为，这只是他们在进行自我保护而已。

但是，如果他们想选择——去阻止霸凌行为，帮助受害者的话，那么可以和孩子一起讨论如何在帮助他人的同时，也做到保护自身安全。

指点迷津

孩子还在长大，三观还未成型，父母要帮助孩子树立正确的三观。不要因为孩子作为霸凌者就视而不见，或者帮孩子找借口开脱；也不能因为孩子受到欺负而采取过激的报复手段。因为每一方都需要我们的帮助。

第三节

孩子不喜欢学校某位老师，怎么办

案例

晨晨放学一回来放下书包就抱怨："我再也不要上英语老师的课了，以后她上课，我就不去学校了。"这不是晨晨第一次向妈妈抱怨了。自从这学期晨晨班上换了一位英语老师后，晨晨与这位英语老师就势同水火。

妈妈耐心地问晨晨："为什么不喜欢现在的英语老师呀？"

晨晨模仿着英语老师说话的语气道："我从来没教过比你们更差的学生了，你们怎么都不动脑子呀？"

而且，晨晨还告诉妈妈，这位老师不仅口头上责骂学生，甚至还会惩罚学生。比如上课回答不出来问题，要罚抄句子十几遍；一个单词听写不出来，罚抄几十遍；有时候会打学生的手板心，罚他们去教室门口站着。

晨晨也不能幸免，被英语老师拎到讲台上挨了好几次批评，每次回来心情都比较郁闷，也说了好几次不想再上该老师

> 的课了，并且表现出对英语这门课的抗拒和厌恶情绪。最近几次的考试成绩也略有下降。

对于青春期的孩子而言，"面子"是最重要的。老师会觉得，我是为了你好才管教你，不过手段严厉了些。但对孩子而言，在同龄人眼前，被老师当众处罚是件天大的事情。如果父母或老师没有引起重视，没有对孩子的情绪及时疏导以及正确的指引，孩子很有可能会因为某个老师的一次惩罚而不喜欢一个老师，最后发展到不喜欢这门课。

对大部分的父母而言，一听孩子说不喜欢老师，大多数父母都可能有以下几种反应：

（1）觉得孩子大惊小怪，事儿太多："那你就适应适应呗！别人都能适应，怎么就你不行？我看你就是矫情！"

（2）心疼孩子，但又觉得没必要："没事没事，老师都是好心，他们也是为你好！"

（3）着急焦虑，觉得孩子成绩下滑才是大事儿："被老师骂两句怎么了，就可以成绩下滑啦？"

…………

这些都是父母遇到孩子表达对老师有意见时，经常会出现的反应。这些反应没有关注到孩子的情绪，甚至否定孩子的情绪感受，只是希望通过讲道理等方式达到灌输"尊重老师、好好学习"等理念给孩子。

显然，这样的回应是没有效果的。孩子遇到的问题没有得到及时解决，反而可能让孩子在以后的求学之路上遇到更多的问题而不知所措。

那么父母朋友们都可以做些什么呢（见下图）？

孩子表示不喜欢老师、学校，父母应该怎么做

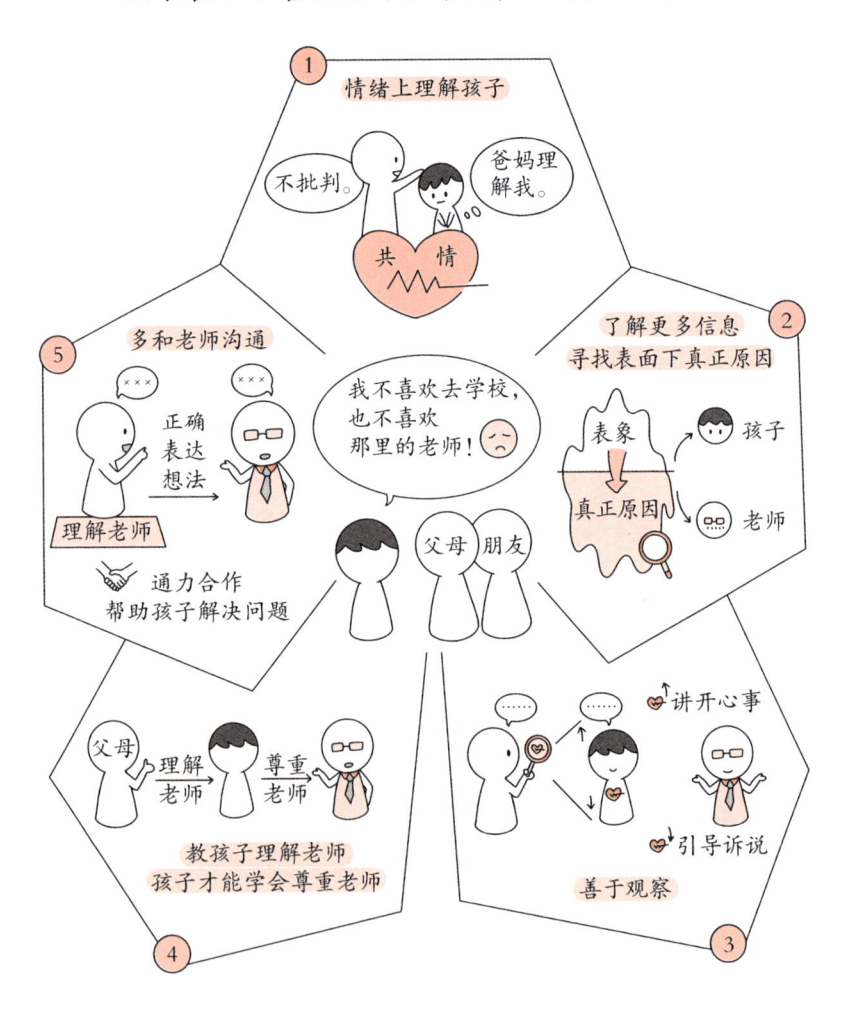

1. 情绪上理解孩子
   - 不批判。
   - 爸妈理解我。
   - 共情

2. 了解更多信息 寻找表面下真正原因
   - 表象 → 真正原因
   - 孩子
   - 老师

3. 善于观察
   - 讲开心事
   - 引导诉说

4. 教孩子理解老师 孩子才能学会尊重老师
   - 父母 → 理解老师 尊重老师

5. 多和老师沟通
   - 正确表达想法
   - 理解老师
   - 通力合作 帮助孩子解决问题

我不喜欢去学校，也不喜欢那里的老师！——父母朋友

第六章 对外关系中的难题，我们应与孩子一起面对

1. 情绪上理解孩子

当然还是共情，父母首先不带评判地去理解孩子当下的感受，让孩子感觉到自己的情绪是被理解的，寻求父母的帮助解决问题是安全的，这对于父母下一步更好地支持孩子、教育孩子是非常有帮助的。

2. 多方了解更多信息，寻找事情表象下面的真正原因

父母可以通过孩子、老师多方面了解更多信息，看看孩子是单纯不喜欢某一位老师，还是所有的老师都不喜欢。

如果孩子仅仅是对某一位老师的教学风格不喜欢，那么可以了解一下其他孩子对这位老师的教学风格是否适应？如果孩子表示对所有老师都不喜欢，那父母就需要引起重视，看看孩子是否在学校遇到了什么困难？只有找到真正的原因，才能找到解决问题的正确方法。

3. 善于观察

孩子的情绪其实很好感知，父母可以每天和孩子定时聊天，感知他这一天的情绪。如果孩子的情绪高涨，父母就让孩子讲一讲今天都遇到了哪些开心的事，这时候父母要注意听孩子讲的话，从中发现有没有他不喜欢的这位老师。

如果有这位老师的话，就说明孩子只是在某些方面不喜欢这位老师。如果孩子放学回来以后情绪很低沉，父母也要引导他讲一讲校园一天的生活是怎样的。从孩子的讲述中，父母要善于去抓取他不喜欢的那位老师的信息，看看孩子的不高兴是否和这位老师有关。

4. 只有教孩子理解老师，孩子才能学会尊重老师

在果果上小学三年级的某一天，果果放学后回来也向我表达过他不喜欢某位老师。我在充分共情孩子并全面了解情况后，引导和带着孩子一起尝试理解老师，于是有了下面的对话：

"妈妈，今天那个老师又骂我们全班同学，我真的觉得她好讨厌啊。"

"嗯，老师今天又发火了吗？发生了什么？"

"她说我们没有考好。我们没有考好，难道不是她没有教好吗？"

"嗯，你感到委屈，因为你觉得你们班同学没有考好，老师也有一些责任，所以，她不应该这样骂你们对吗？"

"嗯，是的，妈妈。"

"我特别理解你的心情，如果是我，我也会觉得很生气。那你愿意和我一起玩猜猜对方想什么的游戏吗？"

"好啊。"

"我猜，你想的是，'我们没有考好，我们也很难过，我们不喜欢老师骂我们。'对吗？"

"嗯，是的。"

"那我们再来猜猜看，老师当时心里想什么吧？"

"妈妈，我猜不到，也不想猜。"孩子似乎还有一些情绪。

"那没关系，那你愿意听妈妈猜猜看吗？"幸好孩子虽然有情绪，但还是愿意听一听的。看他点点头，我就说："老师当时心里肯定有一个想法——哎呀，我怎么就没有办法教好我

第六章 对外关系中的难题，我们应与孩子一起面对

的学生呀，我多么希望他们成绩好一些，他们都很棒呀！我猜，老师肯定也有一些挫败感，这种挫败感让她也挺无力的，不知所措，就像妈妈有时候也会挫败，也想喊一喊宣泄一下。"

孩子想了想，说："可是，她也不能骂我们呀！"

"是的，老师这样骂你们的行为肯定是不对的，对于解决问题肯定是没有帮助的。不过，妈妈猜，老师发脾气还可能有其他原因。"

孩子说："也许校长骂了她？"

"嗯，有可能哦！如果校长骂了她，那她也会挺难过的吧？还有吗？"

孩子又说："妈妈，我们老师的孩子好像最近在生病，你说她会不会是太累了？"

"哦，是吗？还有这样的情况呀？那有可能她最近心情也不太好。"

孩子接着说："还有，有时候，我们可能也太调皮了，上课讲话，她才生气吧？我们其实应该乖一点，她就不会这么累了。"

当孩子自己说出这样的话，我感到非常意外，原来，当孩子感到自己的情绪被理解的时候，是可以有足够的心理空间愿意去理解他人、反思自我的。于是，我对于他愿意尝试去理解老师并进行自我反思的行为及时予以肯定和鼓励。

"听到你说这样的话，妈妈真替你感到高兴，因为你学会了理解老师的不容易，同时，能够反思自己做得还不够的地方，并勇敢承认，要知道，这些都是需要智慧和勇气的。那么，妈

妈最后只说一点，老师也是人，也会犯错误。老师说得不对的、做得不对的，你可以保留你自己看法，但是，你要记得，尊重老师非常重要，也是学生最基本的礼貌。可以吗？"

"妈妈，我知道，老师也是人嘛，是人就会犯错误。那我就不生气了吧！"

其实到了这个时候，孩子的情绪已经非常平和了，所以能接受道理。

5. 多和老师沟通

父母要多和老师沟通，在理解老师的基础上，正确地向老师表达自己的想法。要知道，父母和老师的目标是一致的，所以，父母和老师要通力合作，才能事半功倍。

指点迷津

孩子在成长的过程中，难免与老师或者父母产生矛盾。产生矛盾后，父母用共情、换位思考的方式理解了孩子，同时也要教导孩子自己学会共情、学会换位思考。让孩子意识到看问题的角度不同，行为也会不同。与老师、父母产生矛盾是很正常的，但他们都是希望孩子可以得到成长，出发点是善意的。

第四节

师生冲突，父母要做好沟通的"润滑剂"

在父母课堂上，常常谈及一个问题——孩子与老师发生冲突，以至于孩子对某位老师的课产生了抵触，甚至是抵触上学。父母想跟老师沟通一下，可是，又担心沟通不到位，遇到这种情况应该怎么办呢？

通常父母可能的处理方式有这几种：

（1）否定孩子，支持老师。这样的父母可能会对自己的孩子说：

>"老师为什么会打你？你要反思一下，是不是自己没有做好？"
>
>"老师打你是为你好。"
>
>"老师为什么不打别人，打你呢？你自己肯定哪里做得不够好，还好意思说。"
>
>甚至，我还见过父母直接跟老师说："孩子如果不乖，你打他，没关系的。"
>
>…………

这种回应方式，会使孩子觉得没有被家人理解和保护，感觉到孤独和无助，时间一长，孩子有什么心事和委屈就不愿意再跟父母说了。

（2）心疼孩子，指责老师。这样的父母可能会说：

"老师怎么能打人呢？"

"老师到底会不会教啊？怎么除了打骂惩罚，都没有教育技巧啊？"

甚至有的父母会找老师、找学校去反映，认为老师教育孩子的方法不当……

这种处理方式，显然也不可取，可能会激化矛盾，把简单的问题复杂化，甚至可能会引发父母和老师之间的冲突，最终受到伤害的也还是孩子。

（3）父母不知道该怎么处理和面对这种情况，就选择忽视或回避问题。这样的父母可能会说：

"这种事很常见，老师又不是只打你一个人，我小的时候也被老师打过。你不要想那么多，好好学习就好了。"

或者，有的父母甚至不和孩子谈论这类问题。我们来看看小学生凯凯的妈妈遇到这样的事情是如何处理的。

凯凯妈妈接到班主任老师电话，说凯凯上语文课时对老师大声吼叫、发脾气，而且上课的时候不专心，让凯凯妈妈看看怎么处理。等凯凯放学回来以后，凯凯妈妈就开始询问孩子："凯凯，今天妈妈接到你们班主任陈老师的电话，说你今天对着你的语文老师黄老师大声吼叫了，你能跟我说说发生了什么事情吗？"

凯凯一听妈妈询问这件事情，眼里瞬间充满了泪水，情绪有些激动："黄老师她打我，她凭什么老是打我？上次她还把我的头给打了一个大包呢。"

妈妈有些担心，便询问："哦，老师打你了？她怎么打你的？打哪里了？妈妈看看可以吗？"

妈妈边听着凯凯的诉说，边查看被老师"打"的部位，大多数是一些铅笔、尺子敲敲头、打打手心的小惩罚，没有留下什么明显或严重的身体受伤痕迹。凯凯自己也说："虽然现在不疼了，但是，当时很痛的。"凯凯妈妈心里放心了一些，看起来并不是严重的惩罚和身体伤害。

但是，凯凯妈妈并没有轻视凯凯的感受，孩子的身体没有受到伤害，并不代表孩子的心理上没有受到伤害，所以凯凯妈妈尝试去理解孩子的感受，并询问孩子："嗯，老师当时打你的时候，你感觉挺疼的，是吗？"

凯凯："是啊，她凭什么打我们？不仅打我，还打其他同学，大家都特别讨厌她！"

听起来，老师并不是只针对凯凯一个人，可能只是老师习惯的教学风格，凯凯妈妈心里又放心了一些，至少说明凯凯不是被特别"盯上"的孩子。

妈妈继续共情孩子："你希望老师在教育你们的时候，能够尊重你们，可以用其他的方式教育你们而不是动手打人，是吗？"

凯凯："她才不会呢，她就知道打人，下次她再打我，我都想打回去了。"

妈妈："嗯,妈妈能够理解你的心情,老师打了你好几次,让你越来越生气了,你也担心老师下次还会再打你,你想保护自己,是吗?"

凯凯："是,如果她不打我,我就算了,如果她还是要打我,我就去告诉校长。"

妈妈："嗯,你希望校长能够帮助你,希望有人能保护你,是吗?"

凯凯的情绪此时已经渐渐平复了下来:"妈妈,你能抱抱我吗?"

妈妈静静地抱着凯凯待了分钟,凯凯的情绪渐渐平复,然后自己去看书了。

…………

在凯凯的这个案例中,妈妈做的第一步只是先安抚平复孩子的情绪,但这并不是最终的结果。如果我们只是共情并平复孩子的情绪,有时候显然是不够的,我们还需要和孩子沟通,寻找解决问题的办法,并让孩子学会从中学习。

当天晚上,凯凯做完作业以后,凯凯妈妈在平和愉快的氛围下,和凯凯对于今天发生的事情又进行了一次沟通:"凯凯,妈妈想再和你谈谈今天发生的事情,可以吗?"

"好的,妈妈,你说吧。"

"妈妈想和你谈两点,第一点是关于你今天上课的时候不专心的事情,这个妈妈想听听你的想法?"

凯凯："妈妈，对不起，我错了，我看到同桌的卷笔刀是新买的，特别好玩，想看看。"
　　妈妈："上课时间，我们要做什么呢？"
　　凯凯："认真听课。"
　　妈妈："那你想一想，为什么黄老师想要敲敲你的脑袋呢？"
　　凯凯："她想让我认真听课？"
　　妈妈："她为什么想让你认真听课？"
　　凯凯："她怕我没听懂，学习成绩不好。"

　　妈妈通过和凯凯的沟通，让孩子意识到自己的错误，让孩子有足够的安全感去反思并承认自己的错误。接下来引导孩子继续思考：

　　妈妈："嗯，下面妈妈想和你谈第二个问题，你对于你冲老师发脾气这件事怎么看呢？"
　　凯凯对于老师动手敲打自己的事情仍然耿耿于怀："难道，我就由着她打我吗？"
　　妈妈："你对老师打你的事情仍然很生气，是吗？"
　　凯凯："我不听课，她可以好好跟我讲啊，她凭什么打我？她打我，我就要反抗。"
　　妈妈："老师打你，方法确实不对，妈妈也不赞成。但是，你能接受老师也是一个普通人，她也不可能做到完美，她也会犯错误，她也有困难吗？"
　　凯凯愣了一下，问："老师有什么困难？"
　　妈妈："你们班有 60 个孩子对吗？老师每天面对你们 60

个孩子，要批改你们那么多的作业，回家以后，她还有自己的孩子要照顾，妈妈就照顾你一个孩子，偶尔也会控制不住想发脾气。在你们确实太淘气的时候，你觉得老师会不会一时情急，动手？"

凯凯想了想，语气缓和了下来："我知道老师也是普通人，可是，她如果打我的话，我还是很难过、很生气，妈妈你能理解吗？"

妈妈："妈妈能理解你的心情，这样吧，如果以后你在学校受了委屈，你回来，可以和妈妈诉说，但是，在学校你必须做到两点：第一，不论如何，不论你是否喜欢你的老师，作为学生你都要尊重你的老师。你要明白，老师也是普通人，也会犯错误，但是，我们永远不能用一个错误去回应另一个错误，所以，不能因为老师在某些事情上的处理方式不恰当就不尊重老师，对老师大喊大叫，和老师对着干。如果你有不尊重老师的言行，那么，就是你的不对，你在用一个错误回应另一个错误。"

凯凯低下头，两只小手食指对点地说："妈妈，我知道错了。那第二呢？"

妈妈："第二，不论发生什么，不论你是否喜欢你的老师，你都不能不认真对待你的学习。尤其不能因为某个老师是你不喜欢的，你就排斥某个学科。学习是关乎你自己的事情，你不是为了老师而学习，也不是为了父母而学习，如果你因为老师或其他人而不认真对待学习，吃亏的只能是你自己，妈妈这么说，你能理解吗？"

凯凯："嗯嗯，我知道了。"

第六章 对外关系中的难题，我们应与孩子一起面对

妈妈："我们不能改变其他人，我们能改变的只有我们自己，既然我们没有办法改变老师，那么你想想，我们怎么做才可以尽量避免这种情况的发生呢？"

凯凯："上课认真听、按时做作业、尊重老师、不能对老师大喊大叫……"

妈妈："那你知道，该怎么做了吗？"

凯凯："我知道了，妈妈你放心吧。"

…………

我们一起来回顾一下，在这件事情中，凯凯妈妈都做到了哪些值得我们参考和学习的事情呢？

第一步：凯凯妈妈在事情发生的第一时间先共情孩子，有助于孩子平复情绪；

第二步：凯凯妈妈从老师那里了解情况后和孩子交谈，并且，在沟通一开始的时候，妈妈更多的是引导孩子做自我反思，并不是一上来就跟孩子讲道理。

第三步：妈妈站在中立的立场作为润滑油来调节孩子和老师双方的关系，帮助孩子化解矛盾，并在孩子充分被共情、理解、自我反思之后，再跟孩子适当地讲道理或立规矩。

第四步：妈妈给孩子立下了"尊重老师"和"认真对待学习"的规矩，这是养育孩子时需要坚定体现的部分。这也正是践行了"爱和规则同在""和善与坚定并行"的正面管教理念。

指点迷津

理解孩子并接纳孩子的情绪,很多父母都知道该如何操作,但也有很多父母停在了这一步,没有往下延展,但接下来才是关键。安抚好孩子的情绪后,我们也要帮助孩子面对问题,同时告诉孩子,在人生成长的阶段中,有很多需要遵守的规矩与责任,在沟通中让孩子获得成长。

第六章 对外关系中的难题，我们应与孩子一起面对

第五节
换位思考，才能找到解决师生冲突的关键点

案例

> 有一次，壮壮对妈妈说："妈妈，我要带手机去把数学老师的所作所为都拍下来，省得她不承认，她教我们不要撒谎，但是她自己却撒谎。"
>
> 原来，壮壮因为上课开了小差，被老师用尺子轻轻敲打了手背几下，孩子认为老师打了自己，对此有些情绪，希望妈妈跟老师沟通一下。当妈妈向老师询问情况的时候，老师说没有打孩子，说不会打孩子的。
>
> 孩子知道之后非常生气、委屈，觉得老师说谎了，要求和老师对峙，并说要把老师的行为录下来，告诉校长，让校长来解决问题。这下子可为难住了壮壮妈妈。

当孩子和老师各执一词的时候，究竟该相信谁？壮壮妈妈陷入了难题。孩子和老师站的角度不一样，对事情的定义也不一样，究竟谁说的是真的？如果孩子没有撒谎，那该如何向老师求证真相？太多的困扰围绕着壮壮妈妈。

1. 看事物的角度不同，看到的真相也不一样

当父母遇到孩子与老师的说法不一致时，第一时间不是要去判别老师和孩子谁对谁错，而是要先学会换位思考，从多角度看待问题。

那么，什么是换位思考呢？

换位思考也就是我们常说的站在他人的角度看待、考虑问题。人也会因为年龄、生长环境、教育背景等原因，对同一事物产生不同的看法。换位思考，可以让我们全面地了解事物的真相。

当孩子在学校与老师有争执，提出要和老师对峙的时候，父母首先应该站在孩子的角度，共情孩子。那么，这是不是就代表孩子说的是事实，老师说的是谎言呢？

那也未必。如果老师和孩子都没有说谎，为什么两个人对事情的描述和表达会如此不同呢？这是因为，我们每个人对同一件事情常常会有不同的感受，而感受是会影响我们对事情的判断的，所以，我们就会对同一件事情有不同的看法和理解。

就拿壮壮被老师敲打了这件事情来说，在壮壮眼里，老师拿尺子敲打了手背两下，在打下来的时候有疼痛感，在孩子眼中，这就是"打了我了。"但是，在成年人的老师眼里，也许这只是一个提醒，提醒开小差的壮壮注意认真听课，所以，这不能算是打孩子。

谁对谁错呢？

两个人都对，两个人也都说得不对。不对，是因为他们本身对事情的理解都仅仅是基于自己的角度和感官，也未必是最真实的事

实。都对，是因为不论是孩子还是老师，他们从自己的角度来理解这件事情是没有错的。

2. 换位思考，打开孩子看待事物的角度

当我们理解了这点之后，我们就可以来帮助孩子了：

（1）作为父母，要先倾听孩子的发言，理解孩子，千万不要轻视孩子对这件事情的感受。

父母不要否定孩子，更不要对孩子说："哪有那么严重？""老师也不是故意的。"之类的话。当然，重视和承认孩子的感受，不代表我们要不加判断听孩子所说的事实，认同孩子的观点，进而认定是老师伤害了孩子；而是要学会倾听与引导，通过"引导式"谈话，更真实地还原当时的情况，再来做出判断。

（2）父母需要收集更多的信息，可以先跟老师沟通一下，了解究竟发生了什么事情，听听不同的人从不同的角度是如何理解、看待这件事情的。

父母要承认和认同老师的感受，而不是不加判断地全部接受老师的观点，不应以指责、质问的态度去面对老师，而应该把双方放到平等的位置来沟通；最后，针对孩子提出的疑惑，也应该主动和老师求证。

（3）师生之间的日常冲突时常发生，这就像我们家庭中也时常会有小矛盾一样。对于这种常见的小摩擦，我们要理解。有时候事实真相是如何并不重要，重要的是这当中的人们感受到了什么？理解他们的感受，比去追求事情的真相更重要。

但是，这里必须说明，如果涉及人身安全或其他严重的问题，

自然就不能这样处理了。

（4）请永远记住，教授孩子有用的人生技能，比去证明谁对谁错更重要。

接下来，我们来看看壮壮妈妈是怎么引导壮壮处理这件事情的？

壮壮："老师居然撒谎，他明明打了我，还不承认。"

妈妈："嗯，你认为老师撒谎了，你对此很生气，是吗？"（妈妈说的是"你认为老师撒谎了"，这里描述的是孩子认为的事实，而不是承认这是一个真正的事实。）

壮壮："是啊，他明明就打了我，打得可疼了。"

妈妈："当时你觉得特别疼，是吧？"

壮壮："妈妈，我没有撒谎，你相信我吗？"

妈妈："我知道，当老师敲你手背的时候，你真的感觉特别特别疼，妈妈能够想象你当时的那种痛。妈妈相信你。"（承认、认可孩子的感受）

壮壮："老师居然还不承认，他教我们不要撒谎，他自己都撒谎了。我要录下来，告诉校长，找校长来评理，让校长看看他是什么样的老师。"

妈妈："如果你要找校长，这当然也是一个解决问题的办法，这个办法也不是不可以用。但是，妈妈认为这不是一个好办法，这是一个下下策。"（不是直接否定孩子的提议，而是先承认和认可孩子的提议，然后才对提议的方法提出一些不同的看法。）

壮壮："这怎么不是一个好办法？"

第六章 对外关系中的难题，我们应与孩子一起面对

妈妈："首先，我们来看看这个办法符不符合相关、合理、尊重、有帮助的 3R1H 原则？跟校长告状，好像和这件事情本身不太相关，而且好像也不太尊重老师，对吗？"（始终记得关注于解决问题的 3R1H 原则①，并用这个原则来评估解决问题的方法。）

壮壮："我才不要尊重他呢，他都不值得我尊重。"

妈妈："哦，老师哪里不值得你尊重了？"

壮壮："他撒谎了，他作为老师还撒谎，他哪里值得我尊重了？"

妈妈用开玩笑的语气夸张地对壮壮说："你认为老师撒谎了，老师犯了一个错误。所以，你决定不尊重他，也用一个错误来对付他！"

壮壮看到妈妈故意夸张的说话样子，笑了："那好吧，我还是得尊重老师，因为他是我的老师，哪怕他犯了错误，我也要尊重他，因为老师也是人，也可能犯错误的呀，我不能因为别人犯了一个错误，就用错误的方式去对待别人。"（教导孩子不必去强求所谓的真相本身，而是学会如何用正确的态度去面对问题和解决问题。）

妈妈："哇，你好厉害呀，把这个都学会了。而且还有啊，如果你去告诉校长，对解决问题并没有帮助啊，这只会破坏你

---

① 3R1H 原则：美国正面管教体系创始人简·尼尔森在《正面管教》中提到的一种育儿原则，3R1H 指的是 Related（相关的）、Reasonable（合理的）、Respectful（尊重的）、Helpful（有帮助的）。简·尼尔森博士认为，我们在帮助孩子寻求解决问题的方案时，这个解决方案符合 3R1H 原则，才是一个对孩子有帮助，且恰当、有效、共赢的解决方案。

和老师的关系,你和老师关系变僵对你和老师来说都没有任何的好处,这也不是解决问题的好办法。我们要用有帮助的方式解决问题,而前提是要建立良好的关系,而不是破坏关系。你能理解吗?"

壮壮:"那怎么办?"

妈妈:"你可以将你的感受告诉老师,然后将你希望老师怎么做告诉老师。"

壮壮:"妈妈,我觉得我应该先向老师道歉,因为课堂上开小差是我的不对,老师是为了提醒我。但是,我希望老师下次可以小声地提醒我。"

妈妈:"这个主意似乎不错,那你尝试着跟老师表达一下你的想法吧!"

可以看到,当妈妈和壮壮谈到这里的时候,壮壮的关注点就已经不再是和老师对峙去寻求对错,以平复自己的愤怒和委屈了,而是已经开始慢慢地关注与解决问题了。

指点迷津

"横看成岭侧成峰,远近高低各不同。"世界上并非所有的事情都是非对即错的。因此,"换位思考"也是孩子人生中需要学会的一项重要技能。这项技能不仅能打开孩子的思维,更能让孩子的内心更开阔、更包容,减少矛盾的产生,避免孩子形成极端的性格。

第七章

孩子成长烦恼多,生活的小问题也不能忽略

第一节

如何保护孩子，避免孩子遭受可能的性侵害

近年，孩子遭受性侵的报道屡屡出现，这类话题常常牵动着父母的心。很多父母对于究竟如何界定儿童性侵、自己孩子的遭遇究竟算不算被性侵、如何避免孩子遭遇性侵等都不太清楚。

1. 哪些情况下孩子容易遭受性侵

（1）留守儿童、缺乏父母关爱、渴望得到父母的爱和关注的儿童容易遭受性侵。

（2）缺乏界限感的孩子容易遭受性侵。孩子对于成人和孩子之间的关系和碰触缺乏应有的界限意识，或者家庭环境中缺乏应有的隐私界限都会让孩子和成人有过多的身体接触，这加大了孩子被性侵的可能性。

（3）父母与孩子之间缺乏及时有效的沟通，父母不能及时掌握孩子的情况，成人对孩子缺乏应有的监管。

（4）孩子缺少陪伴或玩伴。落单的孩子比在人群中的孩子更容易遭受侵害。

（5）儿童性侵，熟人作案占大多数。

（6）不是仅仅只有女孩子容易遭受性侵，男孩子也一样可能

遭受性侵害。

（7）即使是父母，也可能会有有意或无意做出的行为造成对孩子的性侵害。

2. 父母对儿童性侵害有哪些误区（见下页图）

3. 如何预防儿童遭受性侵害

（1）让孩子拥有身体自主权。

父母要给予孩子足够多的正确的关注和爱，让孩子在足够的关怀、关心和爱中成长。

从幼儿期就尊重孩子的"身体主权"，告诉他们正常的爱抚应该是出于自愿的。如果你想和孩子亲亲而他不同意，记得及时告诉他：你不愿意，我就不碰你，这是你的权利。

（2）对孩子进行恰当的性教育，教会孩子保护自己的隐私。

不要只是笼统地告诉孩子：要小心坏人！因为"坏人"就混迹在正常人中间，当他（她）内心藏有阴暗的目的接近你的孩子时，很可能脸上是温柔和蔼的微笑。

告诉孩子：你的隐私部位只有爸爸妈妈、特别亲近的主要看护者、医生可以看，而他们也只能在帮你洗澡、擦屁屁、换衣服或者生病了去医院检查时才能看。其他人、其他时间、任何地点都不可以！

（3）帮孩子树立人际互动的界限意识。

美国人类学家爱德华·霍尔博士对人际交往划分了四种距离，分别是公众距离、社交距离、个人距离、亲密距离，通过不同的距离和身体接触形式，树立了不同人际关系之间的界限

但是，孩子还小，他们不明白遇到不同的人应该保持什么样的

父母对儿童性侵害的6个误区

误区1 侵害只会针对大一点的孩子

女童保护组织公布

2018 公开曝光案例

最多 3 7 14 年龄 Min

2018年7~14岁受害者最多

美国国家失踪及受虐儿童中心 — 12岁以下 / 4岁宝宝最严重

误区2 侵害孩子的大多是陌生人

陌生人 ≈20% / ≈70% — 熟人210起

师生 / 网友 / 邻里 / 家庭成员 / 亲戚

父母教育大部分只教对陌生人警惕

误区3 侵害者都会使用暴力

不法分子侵害手段：关爱、诱骗、贿赂、暴力

"触碰你隐私部位，及时告诉爸爸妈妈。"

误区4 孩子能远离被侵害的环境

孩子不可能处于绝对安全真空中

越早教导 → 越早防范

误区5 重视财务忽视人身安全

✗ 强调财产损失　✓ 强调人身安全

"任何时候都要先保护自己。"

误区6 男孩不会遇到性侵

2018年男童遭侵害案例占比 4.26%

父母不重视 → 导致

做法：重视 警觉 → 教导

距离。爸爸妈妈们习惯用拥抱、亲吻、爱抚等行为表达自己对孩子的喜爱。爷爷奶奶、叔叔阿姨、哥哥姐姐们也会用这样的形式表达自己的喜爱。因此，在儿童性侵案中，多为熟人作案，就是因为孩子对陌生人保持了高度的警惕，却忽略了信任的人带来的危险。

因此，我们要从小就为孩子树立良好的人际互动的界限意识；首先，父母在日常生活中，比如洗澡时，教孩子认识自己的身体，并且告诉孩子哪些地方是属于隐私部位，无论什么情况下都不可以外露、不可触碰。其次，父母可以帮助孩子将周围的人进行人际交往距离划分，比如爷爷奶奶、外公外婆是可以拥抱、亲脸颊表达自己的喜爱之情，叔叔、阿姨可以拥抱一下。不太熟或者是陌生人，则不可以亲密互动，也不能触碰衣服遮挡的任何身体部位。

此外，父母也要强调即便是认识的叔叔伯伯或老师都不能让孩子听从他们的吩咐，脱掉自己的衣服露出隐私部位，或者是让他人触碰自己的隐私部位。父母也要告诉孩子，正确的喜欢他的方式是愿意以平等的身份来喜欢他，给他再多的糖果和玩具都不是可以触碰自己隐私部位的理由。

另外，有一些小朋友天生就不太喜欢与他人亲密接触，因此，家长听到孩子说出拒绝的话，不要斥责孩子。一是，要尊重孩子自身的感受；二是，长期强迫孩子去接受，会导致孩子以后面对他人的无礼亲密行为，下意识害怕拒绝而遭遇危险。

除了帮助孩子树立良好的人际互动的界限意识，我们也要做孩子"最信赖的那个人"，永远支持孩子！有的孩子在遭受了侵犯之后不敢告诉父母，因为他们不确定，父母会不会无条件地信赖他所说的一切，并站在自己身边。所以，一定要从小就告诉孩子，无论发生了什么事情，都要告诉爸爸妈妈。

4. 假如孩子遭遇性侵害，父母该做什么

父母可以对孩子进行这些教育：

（1）在公共场合大声呼叫：如果被侵犯的场合是公共环境的话，一定要告诉孩子大声喊出来。喊出来不仅仅是在求救，更是对坏人的威慑。

（2）对坏人撒谎保护自己：任何情况下保护自己都是最重要的，虽然平时父母会教导孩子要做个诚实的孩子，但在特殊情况下，只要可以保全自己，撒谎也是可以的。

（3）可以摔碎东西来引起他人的注意力：人对突然发出的声音有着天然的好奇，寻求机会打碎某种东西，可以吸引到他人的注意，从而可以起到求救或者威慑的作用。

（4）逃离并寻找安全场所：很多时候，侵害发生的场所其实会相对隐秘。为了避免更大的伤害，可以告诉孩子寻找机会离开施暴者熟悉的场所，去到更安全的场所寻求帮助。

如果自己的孩子遭受了性侵，父母可以采取以下措施：

（1）报警，及时保存侵害证据：避免孩子遭遇二次伤害，也必须要让做错事情的施暴者得到应有的惩罚。

（2）及时到医院检查、治疗：除了配合司法机关取证外，更重要的是检查孩子的身体有没有受到更大的伤害，如果有，配合医生做好治疗。

（3）鼓励孩子说出事实，做孩子"最信赖的那个人"，给孩子百分百的理解和安慰。说出事实是为了配合公安机关调查取证，将施暴者绳之以法。

(4)告诉孩子她没有错,她还是好孩子,父母依然爱她。错的是施暴者,而勇敢和父母倾诉,配合公安机关调查取证的孩子,是世界上最勇敢的孩子。

(5)带孩子接受心理辅导:孩子突然遇见这种事情,情绪波动大,情绪容易不稳定,父母能给到的抚慰在某种程度来说是有限的。如果孩子出现很明显的心理不适,应该早日接受心理辅导,才能更快恢复稳定的生活。

指点迷津

孩子的性教育是刻不容缓的一件事,父母一定要对孩子做好性教育,重视孩子的异常,多与孩子沟通交流,同时告知孩子要保护好自己,不要让任何人触碰自己的隐私部位,避免性侵害的产生。

第二节

遭遇孩子的"第二叛逆期",父母可以给予孩子一段"特殊时光"

案例

> 随着二孩、三孩政策的提出,这几年是二孩、三孩诞生的高峰期,因此多子女养育问题也逐渐被众多父母重视。最近,就有一位妈妈向我倾诉了他的烦恼。
>
> 这位妈妈的大儿子已经七岁,2022年五月份又生了一个小女儿。身心俱疲的妈妈发现原本乖巧听话的儿子性格来了个大转变。孩子的转变主要表现在:不遵守约定,提出不合理的要求,喜欢挑父母讨厌的事情做等。孩子和家人关系变得紧张,更过分的是还用玩具打破了外婆的头。
>
> 原本以为是因为妹妹的出生,孩子担心自己不受家人重视而胡闹。但是他很喜欢妹妹,每当妈妈说妹妹没有哥哥好时,他还会替妹妹说话。

其实这位妈妈恰好是在大儿子的第二叛逆期时生了二孩,所以,孩子的表现不仅仅是因为妹妹的出生导致的。综合评估可以发现,这是家庭教育、孩子的年龄特征、二孩妹妹的出生等多种原因导致的。俗话说"七岁八岁狗都嫌",就是说这个年龄段的孩子会表现得特别的淘气,常常让父母比较头疼。所以,我们也称其为第二叛逆期(一般是指7~9岁的孩子),这个时期的孩子自我意识和自我欲求迅速发展,他们不再是父母眼中的乖孩子,对任何事情都开始有了自己的主意,他们好奇、胆子大、坚持己见、爱跟父母唱反调。

这些表象背后是孩子自我意识的进一步觉醒,他们想要摆脱对父母的依赖。这是他们独立思考的开始,也是心理健康的标志之一。

这位妈妈的倾诉和烦恼,想必很多有过相似经历的妈妈都有同感,心里一定感觉比较焦急、无力和烦躁。不明白为什么之前乖巧懂事的孩子,突然就开始不听大人的安排或者对父母的教导置若罔闻。其中最重要的关键词就是:突然,一夜之间,自己的孩子就像换了一个人一样。

在本案例中,因为二孩的出生,导致父母没有办法再像从前一样细致地关注大儿子。这个孩子的行为是在寻求关注,缺乏爱和归属感?还是寻求乐趣,需要自主感呢?或是因为妹妹的出生而失去安全感?

1. 引发"第二叛逆期"的原因以及表现

还是以一开始的那个案例来讲,孩子虽然爱妹妹,但是,这仅仅是一个天性善良的孩子对另一个孩子的喜爱,是一个生命对另一个生命的接纳。这并不代表孩子就不需要爸爸妈妈的关注和爱了,七岁的孩子毕竟也还是孩子。他和妹妹的关系是一回事,和爸爸妈妈的关系又是另一回事。不管多么懂事的孩子，他终究还是需要来自爸爸妈妈的关注和爱护的，因为那是他赖以生存的根本。

而七岁的孩子已经进入校园。他们急于想要证明自己已经长大了，因此会开始要求独立，行为上想要脱离爸爸妈妈的掌控，开始尝试自己掌控自己。但因为年龄以及情感的依赖，会对父母产生"矛盾"的反应，既想要反驳父母，又想要父母更多的"关注"。

2. 如何应对孩子的"第二叛逆期"

（1）父母要保持一个平和稳定的状态：

当孩子哭闹的时候，我的意见是：父母保持一个平和稳定的状态陪伴在孩子身边就好了。这个时候，孩子特别需要父母的理解和支持。

但是，父母的理解与支持，也需要把握好尺度，在观点上要树立正确的思想给孩子，在态度上要始终做到"和善而坚定"。

对孩子好的一面，要及时提出表扬，比如大儿子很疼爱妹妹这一点，要多加引导，并告诉孩子，父母现在更关心妹妹是因为妹妹还小的原因，并不是大儿子不好。这是一个客观的事实，在安抚孩子的同时，也要尝试让孩子理解和接受，培养孩子更稳定的情绪。

而父母做得不对的一面，也需要勇于承认错误，把孩子当作一个平等的人进行交流，远比打骂效果好得多。成人对孩子的哭闹不接纳，不是孩子的问题，是成人需要自我体察的功课。

孩子所有的行为背后都是有一个好的出发点的，他们其实太想做"好"了，只是有时候他们受挫了可又不懂得如何去表达，更不懂得如何去修正，所以有时候会做出成人眼中的"不当行为"来寻求爱和归属。

（2）建立与孩子的特殊时光：

建议爸爸妈妈每天分别给大儿子一段"特殊时光"，这段"特殊时光"是独属于爸爸和大儿子，或者妈妈和大儿子独有的，没有妹妹、没有其他任何人的干扰，对孩子高度的关注，和孩子一起做一些他感觉愉快的事情，比如枕头大战、扮家家的游戏，也可以是拥有一些独属于你们俩的小秘密。在这段时光中，让孩子充分体会到父母的爱，不建议在特殊时光谈学习！

同时，也要耐心一些，慢慢来。"特殊时光"也许不会马上帮我们解决问题和挑战，但是会慢慢减少孩子的挑战行为。尤其孩子到了孩子青春期以后，这样长时间的情感积累，在"特殊时光"中打下的良好关系基础会发挥巨大的作用，让我们能更好地赢得孩子的合作。

指点迷津

我们都知道，养育孩子，"关系"是基础。如果没有良好的亲子关系，任何工具都没用。唯有良好的亲子关系作为基石，我们才可能赢得孩子的合作，孩子才会愿意和我们共同面对问题、解决问题。

第三节

3B 原则，有效化解二胎家庭孩子之间的冲突

> **案例**
>
> "这是我的笔，你还给我！"正在厨房做饭的妈妈听到女儿娟娟吼弟弟涛涛，无奈地摇摇头继续做饭。
>
> 客厅里，两个孩子绕着茶几一个追一个跑，涛涛一边拿着笔炫耀一边得意扬扬地说："就不还给你，你能拿我怎么样？"
>
> 见妈妈没有出来主持公道，娟娟一下就委屈地哭了。涛涛见姐姐哭了也丝毫不慌，反而拿着笔去厨房向妈妈炫耀："妈妈，以后这支笔就是我的了！"
>
> 妈妈听到娟娟的哭声，冲客厅大喊："你一个做姐姐的，把笔给弟弟又不会掉块肉，别哭了。"
>
> 娟娟听了妈妈的话，一句话也没说，冲回自己的房间，狠狠地关上门……

在很多父母的观念里，多子女家庭的孩子间每天的吵架打闹都是家常便饭。娟娟和涛涛这样的吵架，想必大多数在多子女家庭中长大的父母也深有体会。随着二孩政策的开放，越来越多的家庭也

都从独生子女家庭转变为多子女家庭，而多子女在日常生活中的矛盾也逐渐显现。

1. 运用"3B 原则"，解决孩子冲突

手足之情是一种无论过去多少年依然最真挚的感情，这种感情是珍贵的、无价的。在这里，我和大家分享一些方法，帮助大家建立温暖有爱的家庭氛围。

随着弟弟/妹妹的出生，与自己关系紧密的爸爸妈妈会在情感、物质上对第一个孩子有明显变化。若是父母没有注意到孩子心理产生的变化，长此以往，孩子在成长过程中身心都会产生一些变化。比如：为了保护他们认为属于自己的物质或者是情感关系而变得更有攻击性；抑或变得消极，不敢表达自己，与父母、兄弟姐妹之间的关系变得疏离。

例如，家里姐姐和妹妹因为同一个玩具而发生了争吵，快要升级为打架了。当父母的会拉住姐姐，然后开始劝解。先是对两个孩子说："你们两个别打了。"然后对姐姐说的是："你是姐姐，你要让着妹妹。你俩天天吵，烦不烦，别人家的孩子多乖。"

此时，姐姐的想法会是：妈妈觉得我应该让着妹妹，可这件事我没错，是妹妹错了，妈妈不公平，妈妈偏心。

而妹妹的想法：我比姐姐小，所以我是有特权的，姐姐必须让着我。甚至有时候，妹妹潜意识中会在这样的冲突中寻求关注和优越感。

这种情况下，妹妹可能会在潜意识中出现一些想法：当我和姐姐发生冲突的时候，妈妈保护我让我觉得自己被爱、自己是重要的。

而姐姐也会在一次次妈妈不"公平"的劝解中，对妈妈失望，心里充满质疑和不满，又生气又伤心，她会觉得父母爱妹妹，给了她更多的爱，给予自己的爱变少了，对妹妹产生负面情绪。

那么，面对时刻会上演的冲突，父母们应该如何做呢？正面管教中有一个"3B原则"，可以帮助我们面对孩子的冲突（见下页图）。

（1）走开（Beat it）

当孩子发生争吵的时候，父母不必急着充当"法官"帮忙判断对错、解决问题。父母到现场看一下，在确保孩子的冲突没有实际性伤害的前提下离开，用这样的行动告诉孩子，爸爸妈妈已经知道你们在争吵，但是，并不会帮任何一方，自己的矛盾需要自己解决。

（2）忍受（Bear it）

孩子之间发生冲突和争吵在所难免，所以，父母不必强求您的孩子们每时每刻都是和和睦睦、其乐融融的。有时候，父母需要有能够忍受孩子之间的争执和矛盾的忍耐性。您可以尝试暂时忍住自己想要上前去干涉和调停的冲动，就在边上看着孩子们自己处理他们之间的冲突。你会发现，结果可能并不会像你想象的那么糟糕。我有一位学员，他曾经在孩子发生争吵的时候淡定地在边上拿出手机拍摄下两姐弟冲突的时刻，并微笑地对孩子们说："我要录下你们现在这样难得的画面，等你们长大了来看……"父亲这份淡定的态度，让孩子们很快平静了下来，结束了冲突。

（3）引导孩子走出争斗的环境（Boot then out）

如果孩子的冲突可能会造成实质性的伤害，父母的干预也

第七章 孩子成长烦恼多，生活的小问题也不能忽略

运用"3B原则"，解决孩子冲突

冲突初期

Beat it 走开

我先玩！
不行，这是我的，我先玩！

确保孩子的冲突没有实质性伤害

→

你们自己解决矛盾。

走开，留空间给孩子自己解决问题

冲突中

Bear it 忍受

我忍！！！

再等等，看看他们自己如何解决。

忍住想要干涉和调停的冲动

→

我抢到了，就是我的，不给你！

你快还给我，不然我告诉爸爸！

看孩子如何处理冲突

冲突激化

Boot then out 引导孩子走出斗争环境

让孩子分开冷静，脱离争吵

→

你们两个之间发生了什么，为什么这样，下次还会吗？怎么避免再吵呢？

以同等态度对待两个孩子

不可偏袒任何一方，用同等的态度对待两个孩子，先不去和孩子讨论谁对谁错，而是让两个孩子分开冷静一下，将孩子从激烈的争吵中带离出来。等双方冷静之后，再以同等的态度来处理问题。

例如上述案例中，姐妹吵架，妈妈可以说："你们先各自去冷静一下，等你们觉得不想争吵了，再一起玩。""如果你们不能决定这个玩具先由谁玩，那么我的建议是你们先暂时都不玩，等你们商量好了怎么玩，再来玩吧。"

面对孩子间的冲突，做父母的总是在无意识中习惯性地偏袒小的，没有办法做到绝对的公平、公正。日积月累，两个孩子之间的矛盾与斗争越来越多。所以，当孩子间起争执时，我们父母要做好以下五件事。

第一件：公平公正地对待所有孩子

我们常常强调，多子女家庭对待孩子要"公平"，但是大家潜意识里将"公平"与"平均"画上等号。简单地认为，这一次批评了姐姐，下一次就轮到妹妹，这不就"公平"了吗？

但实际上，在不同的情况下，父母的态度失之偏颇，孩子立刻就会将自己与其他孩子进行对比，就会发现父母对待他们是不一样的。父母们常常理所当然地认为，大的孩子都那么大了，还不应该让着小的吗？小的毕竟更小，应该让着一些呀。事实上，这些父母不明白：大的孩子再大，仍然是你的孩子，不论你的孩子多大，他们渴望从你这里得到父母之爱的心情永远都是一样的。

所以，对于孩子来说，父母要求大的孩子"让"出去的不是那个玩具，而是那份父母之爱，这常常会伤了大的孩子的心。

不患寡而患不均，在孩子眼中爱的公平比爱的多少更让他们在意。父母要习惯把"你大一点,就要让着弟弟"这句话变成"你们两个人玩,你们俩自己解决,自己商量好怎么分配。"也许在你的公平对待下,孩子们得到了富足的爱,不会再为了其他人多分了一块蛋糕而大打出手,不会觉得爱是会消失的,反而会逐渐学会去爱自己的爸爸妈妈,呵护自己的兄弟姐妹。

孩子心智成熟后,大的会学会保护、疼爱自己的弟弟妹妹,小的会学会向哥哥姐姐们表示敬意与爱意。

第二件:让孩子明白爱不会越分越少,只会越分越多

父母和孩子们常常会误解,以为爱只是一块饼,所以,这块饼分给越多的人,那么得到饼的量会越来越少。其实不然,即使爱真的是一块饼,父母给每个孩子的饼也都是一块完整的饼。

在我的父母课堂上,我带领课堂上的父母们一起完成了一个叫作"点燃蜡烛"的活动。通过父母的蜡烛点燃第一个孩子的蜡烛、第二个孩子的蜡烛、第三个孩子的蜡烛……

让父母直观地明白,爱就像烛光一样,家里拥有越来越多的兄弟姐妹,我们获得的爱其实也像点燃越多的蜡烛得到的光一样,只会更多、更亮。

第三件:给予孩子自己解决问题的机会

有的时候,孩子们发生矛盾未必是一件坏事,他们以后也会接触别人,也可能会和别人发生争执,那么如何处理争执和解决矛盾就变成了一件值得学习和钻研的事情。

父母不应急于终止孩子们冲突的发酵,而是给双方一些时间自己去探索和解决问题,让孩子们在安全范围内自己解决矛盾。

哥哥和弟弟因为看《小猪佩奇》还是《熊出没》吵起来了,

谁也不让着谁。哥哥把遥控器牢牢攥在手里，弟弟气鼓鼓地去掰他握紧遥控的手指。两个人你争我夺，电视频道变来变去，两个人谁也没有看成自己想看的动画片。

妈妈在旁边看了一会儿，见两人扭打了一会儿，现在都没力气了。

于是，妈妈说："你们这样打下去，动画片都播完了，到时候谁都看不了。"

兄弟两人一听动画片要播完了，立马又争辩起来，哥哥说："就看《熊出没》。"

弟弟也不甘示弱地说："我要看《小猪佩奇》！妈妈，哥哥欺负我。"

妈妈没有理会兄弟两人的话，继续说："你们先把遥控器给我，然后你们好好商量一下今天这个时间段看什么，商量好了，就来找我拿遥控器。"

最后哥俩决定猜拳，赢的那方可以看自己想看的，输的那方也老老实实愿赌服输。

当发生冲突的时候，父母可以引导他们思考如何解决当前的问题，而他们自己想出来的方法，达成一致的协议，当事人都更乐意接受，下次碰见类似的事情，也知道该怎样去处理。孩子既学会了主动思考，又学会了人际交往。

第四件：培养年龄大的孩子成为榜样

把大孩子教育好是非常有必要的，因为他不仅能成为弟弟妹妹的楷模和学习榜样，还能利用自身所学帮爸爸妈妈承担一部分教育弟弟妹妹的责任，因为弟弟妹妹有时候更愿意听哥哥姐姐的教导。

大孩子像是火车头,弟弟妹妹像是身后的一节节车厢,当大孩子去到一个更好的地方,身后的弟弟妹妹也不会停下追随的脚步。父母建立的家庭规则,可以耐心引导大孩子去遵守,当大孩子遵守了规则,也会对弟弟妹妹起到示范的作用。

第五件:用不同的方式对不同的孩子表达爱

父母表达爱时,要看孩子喜欢什么样的方式。人是情感动物,人需要情感,需要联系,需要归属感。

父母可以分别给孩子一段"特殊的亲子时光",12岁和18岁的孩子,他们想要的亲子活动内容是不同的。12岁的孩子可能需要父母陪着去游乐园蹦床,18岁的孩子可能需要和父母一起散散步。最重要的是陪在他身边,把亲子关系放在第一位。

所有的孩子都渴望得到父母的青睐与关爱,父母要让每个孩子都明白,组成一个家庭就宛如用一根蜡烛传递火光,妈妈爱爸爸,于是家里有了两支拥有火焰的蜡烛,当妈妈有了一个孩子,家里就有了第三支蜡烛,当又有了弟弟妹妹,家里就会有第四支、第五支蜡烛。

能够传递烛火是因为彼此之间有爱,当每个人拥有的爱越多,这个家庭会越亮、越温暖。

指点迷津

将每个孩子视为独立、完整、需要爱滋润的个体,父母要对每个孩子大大方方地表达你的爱。爱里长大的孩子,才会拥有自信与勇气。

📝 **笔记栏**

第七章 孩子成长烦恼多，生活的小问题也不能忽略